ソウル大学の韓国語　CD付き
音声ダウンロードもできる!

はじめての
TOPIK II

ソウル大学韓国語文学研究所 編著

HANA

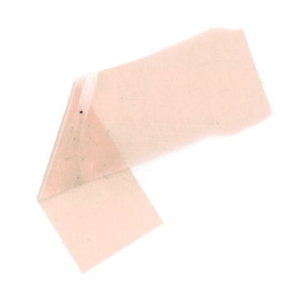

■執筆者

장소원(張素媛) ソウル大学国語国文学科
박지영(朴智英) ソウル大学言語教育院
김은애(金恩愛) ソウル大学言語教育院
김수영(金秀映) ソウル大学言語教育院
김미숙(金美淑) ソウル大学言語教育院
민유미(閔臾美) ソウル大学言語教育院
백승주(白昇周) ソウル大学言語教育院
유하나(柳ハナ) ソウル大学言語教育院
이소연(李素妍) ソウル大学言語教育院
조은주(趙恩珠) ソウル大学言語教育院

■日本語訳監修

남윤진(南潤珍) 東京外国語大学大学院総合国際学研究院

©Seoul National University, Chang So Won 2016

※付録1「原稿用紙の書き込み方」と付録3「文法項目まとめ」は編集部が作成

はじめに

　全世界で韓国語を学ぶ人の数が日々増えています。K-POPやドラマなどの文化が好きで韓国語を学ぶ人もいますし、韓国に来て勉強を続けるために韓国語を学ぶ人もいます。また、韓国と関係のある仕事に就くために韓国語を学ぶ人もたくさんいます。その中で、韓国の文化が好きで韓国語を学ぶ人は特に韓国語の能力を証明する必要はありませんが、韓国で勉強をしたり就職したりするためには、自分の韓国語の実力を客観的に評価してくれる試験を受けなければなりません。その試験がTOPIKです。

　ところで、TOPIKは2014年に改訂が行われ、TOPIK I（初級）とTOPIK II（中級以上）の二つに分けて試験が行われるようになりましたが、TOPIK IIを受けた人からは、試験が以前より難しくなったという声が多く聞かれます。従来、中級と高級に分かれていた試験が一つになったことで、中級レベルの人は自分の実力よりも難しい問題にも対処しなければいけなくなったことが、その理由の一つと考えられます。

　これまで、改訂されたTOPIKに備える教材は国内外で何冊も出版されていますが、TOPIK IIの受験対象でありながら、TOPIK IIが難しすぎる中級レベルの人たちに配慮した教材がありませんでした。そこで本書は、中級レベルの人が、効率よく準備に取り組み、成果を上げられるよう、ソウル大学の韓国語教育専門家たちが集まって、長い間、既存のTOPIKの問題を分析して研究した後、それと似た模擬問題を作問し、各問題別に説明を付けて出版されたものです。模擬問題は、ソウル大学韓国語文学研究所の教授と研究員が作問し、1次解説を加えた後、東京外国語大学の南潤珍先生が日本の学習者の立場に立ち、出題意図と注意すべき点、核心となる文法事項、韓国と日本の文化的な違いなどに関する説明を追加する形で日本語版を構

成しました。

　本書には、TOPIK IIの中級（3、4級）レベルの問題に絞った2セットの模擬問題が収められています。本書は、この2セットの問題を、模擬試験形式で解くことも、解説をチェックしながら1問ずつ解いていくこともできる構成になっています。例えば、1セット目は問題パターンを確認しながら、1問ずつじっくり解き進め、2セット目の問題を試験形式で解いて実力を確認するといった使い方が可能です。

　このように本書は、はじめてTOPIK IIを受験する人、これまでTOPIK IIが難しすぎて手が出なかったという人でも、容易に取り掛かることができて、短い時間で効果的にTOPIKの試験の準備ができる本です。皆さんの韓国語の実力の評価をTOPIKを通じて受けるために、この教材が効率的な友達になることを期待します。

2016年9月
執筆者一同

目　次

はじめに ……………………………………………………………………… 3
本書の特長について ………………………………………………………… 6

TOPIK Ⅱについて知ろう ………………………………………………… 15

模擬試験1 ………………………………………………………………… 23
模擬試験1　解説 ………………………………………………………… 51
模擬試験2 ………………………………………………………………… 137
模擬試験2　解説 ………………………………………………………… 163

付録1　原稿用紙の書き込み方 …………………………………………… 250
付録2　「書き取り」練習問題 ……………………………………………… 252
付録3　文法項目まとめ …………………………………………………… 263

本書の特長について

■ 3・4級合格を目指すTOPIK Ⅱ受験者に

　本書は、TOPIKで中級レベルとされる3級、4級の合格を目標とする学習者向けに作られました。TOPIK Ⅰを受けて2級に合格したばかりの人、初めてTOPIK Ⅱを受ける人、他のTOPIK Ⅱの対策書が難しく感じられる人も対象になります。

　本書には、TOPIK Ⅱの試験を模した2セットの問題とその解答・解説をメインに構成されています。各問題セットは中級（3、4級レベル）中心の聞き取り25問、書き取り4問、読解25問で構成されています。これは実際の試験よりも、問題数を半分に減らした形です（ただし、書き取り問題は実際の試験と同じ問題数）。また、いずれの問題も、TOPIK Ⅱで出題される問題のうち、中級レベルの問題を中心に取り扱い、さらに、「聞き取り」領域の問題読み上げスピードも、実際の試験よりも遅めに設定してあります。

　このような問題構成と難易度設定により、TOPIK Ⅱの対策に負担なく取り組めて、試験のシミュレーションができるようになっていることが、本書の最大の特長です。

　TOPIKでなるべく高い点数を獲得するには、今の実力でできることにしっかり取り組み、試験においても解ける問題群をしっかり解くことが近道といえます。本書は、中級レベルの内容に特化することで、それを可能にしてくれる対策書です。

◆ 本書とTOPIK Ⅱの対比

	問題数	問題難易度	聞き取り問題の音声スピード
本書	聞き取り25問 書き取り4問 読解25問	3・4級レベルの問題が基本	遅め
実際のTOPIK Ⅱ	聞き取り50問 書き取り4問 読解50問	3～6級レベルの問題が満遍なく出題される	ナチュラルスピード

■ 韓国で最高レベルの執筆陣が問題を作成

　本書の模擬問題は、韓国語の教授と試験問題作成の経験が豊富なソウル大学の研究陣により、TOPIK問題の研究と厳しい検討を経て作られました。さらに、日本の学習者の状況に精通した韓国語教育者が解説の翻訳・編集を行い、日本人学習者向けに内容の補完を行いました。

■ レベルや都合に合わせて、数通りの使い方が可能

　本書では、二つの問題セットが模擬試験の形式で掲載され、それぞれの解説ページが設けられています。解説ページは模擬試験の答え合わせのためだけでなく、練習問題として、1問ずつ解いて、解説と解答を確認できる形式を取っています。

　そのため、二つの問題セットを、使う人のレベルや都合に合わせて、模擬試験形式で解いて答え合わせすることも可能ですし、1問ずつ解説を参照しながら解いていくことも、また、一つ目は練習問題として解き、二つ目は模擬試験として解くことも可能です。

本書の解説ページの構成

本書の解説ページの典型的な構成を、各領域別に見てみます。

聞き取り1

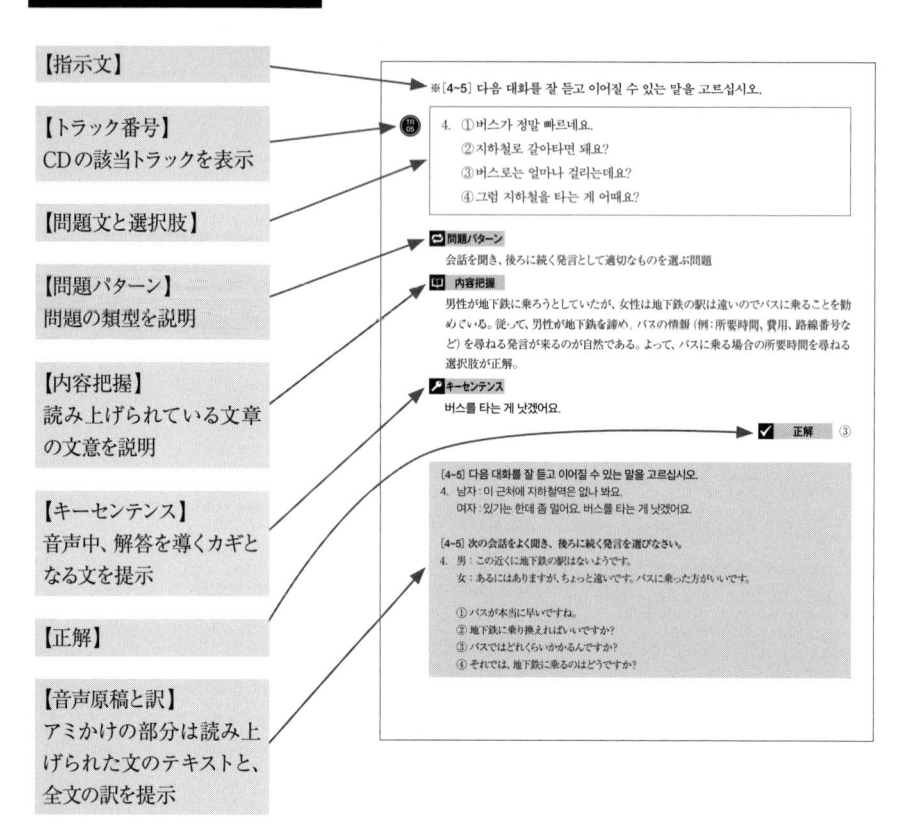

【指示文】

【トラック番号】
CDの該当トラックを表示

【問題文と選択肢】

【問題パターン】
問題の類型を説明

【内容把握】
読み上げられている文章の文意を説明

【キーセンテンス】
音声中、解答を導くカギとなる文を提示

【正解】

【音声原稿と訳】
アミかけの部分は読み上げられた文のテキストと、全文の訳を提示

※[4~5] 다음 대화를 잘 듣고 이어질 수 있는 말을 고르십시오.

4. ① 버스가 정말 빠르네요.
② 지하철로 갈아타면 돼요?
③ 버스로는 얼마나 걸리는데요?
④ 그럼 지하철을 타는 게 어때요?

問題パターン
会話を聞き、後ろに続く発言として適切なものを選ぶ問題

内容把握
男性が地下鉄に乗ろうとしていたが、女性は地下鉄の駅は遠いのでバスに乗ることを勧めている。従って、男性が地下鉄を諦め、バスの情報(例:所要時間、費用、路線番号など)を尋ねる発言が来るのが自然である。よって、バスに乗る場合の所要時間を尋ねる選択肢が正解。

キーセンテンス
버스를 타는 게 낫겠어요.

✓ **正解** ③

[4~5] 다음 대화를 잘 듣고 이어질 수 있는 말을 고르십시오.
4. 남자: 이 근처에 지하철역은 없나 봐요.
   여자: 있기는 한데 좀 멀어요. 버스를 타는 게 낫겠어요.

[4~5] 次の会話をよく聞き、後ろに続く発言を選びなさい。
4. 男:この近くに地下鉄の駅はないようです。
   女:あるにはあるますが、ちょっと遠いです。バスに乗った方がいいです。

① バスが本当に早いですね。
② 地下鉄に乗り換えればいいですか?
③ バスではどれくらいかかるんですか?
④ それでは、地下鉄に乗るのはどうですか?

8

聞き取り2

【指示文】

【トラック番号】
CDの該当トラックを表示

【問題文と選択肢】

【内容把握】
読み上げられている文章の文意を説明

【問題パターン】
問題の類型を説明

【問題説明】
読み上げ文と選択肢の内容を解説しながら、各選択肢との整合性を見る

【キーセンテンス】
音声中、解答を導くカギとなる文を提示

【正解】

【音声原稿と訳】
アミかけの部分は読み上げられた文のテキストと、全文の訳を提示

【単語と表現】
問題との関連で覚えておくべき単語や表現を紹介

※ [14~15] 다음을 듣고 물음에 답하십시오.

14. 여자는 무엇을 하고 있는지 고르십시오.
① '한국인터넷'에 사용 중단을 요구하고 있다.
② '한국인터넷'에 문제점 개선을 제안하고 있다.
③ '한국인터넷'의 수리 시스템을 평가하고 있다.
④ '한국인터넷'에 설치 예약 변경을 요청하고 있다.

内容把握
インターネットサービス会社の職員である男性と顧客である女性が、インターネット回線開通作業の予約の変更について話している。女性はインターネットサービス会社に電話して、開通作業をする作業員が連絡もないままなかったためその日に予定されている訪問を取り消して予約を変更することを求めている。男性はそれに対して、問い合わせ内容を作業員に伝えると約束し、予約変更の日付を聞いている。

問題パターン
女性が最終的に何をしようとしているのかを選ぶ問題

問題説明
女性が、作業員が約束した訪問時間に来ないことについて苦情を言い、訪問を取り消して再度予約をしてくれるよう話していることから、開通作業の予約変更がなされるだろうと予測できる。
会話の最後の部分から、次の予約はいつがよいかと男性が聞いており、女性が翌日の同じ時間帯で予約してくれるように話しているので、女性は最終的にインターネット回線開通作業の予約の変更を求めたことが分かる。

キーセンテンス
더 이상은 못 기다릴 것 같으니까 오늘 방문은 취소하고 다시 예약해 주세요.

☑ **正解** ④

[14~15] 다음을 듣고 물음에 답하십시오.
남자: 네, '한국인터넷'입니다. 무엇을 도와 드릴까요?
여자: 저, 오늘 기사님이 4시까지 오셔서 인터넷을 설치해 주시기로 했는데요. 벌써 5시 반인데 연락도 없이 안 오세요. 더 이상은 못 기다릴 것 같으니까 오늘 방문은 취소하고 다시 예약해 주세요.
남자: 아, 정말 죄송합니다. 오늘 설치 예약이 많아서 그런 것 같습니다. 제가 기사에게 연락을 해서 전달하겠습니다. 다음 예약은 언제로 해 드릴까요?
여자: 내일 같은 시간으로 다시 예약해 주세요.

[14~15] 次を聞いて、質問に答えなさい。
男: はい、「韓国インターネット」です。どのようなご用件でしょうか？
女: あの、今日作業の方が4時までにいらっしゃってインターネットを設置してくださることにしたんですが、もう5時半なのに連絡もないままいらっしゃいません。これ以上は待てないので、今日の訪問はキャンセルして再度予約してください。
男: あ、誠に申し訳ありません。本日、設置のご予約が多いせいだと思います。私が作業の者に連絡して伝えます。次の予約はいつにしましょうか？
女: 明日の同じ時間で再度予約してください。

単語と表現 -(으)ㄹ 것 같-と-겠-
話し手に関する事柄に用いられる-(으)ㄹ 같-は、推測や婉曲な態度を表す。推測なのか婉曲なのかは文脈によって判断され、「仮に~すれば」や未来の事柄を表す文脈では推測を表すことになる。また、婉曲な言い切りとして-(으)ㄹ 것 같-を用いる場合、代わりに-겠-を用いることができる。

書き取り1

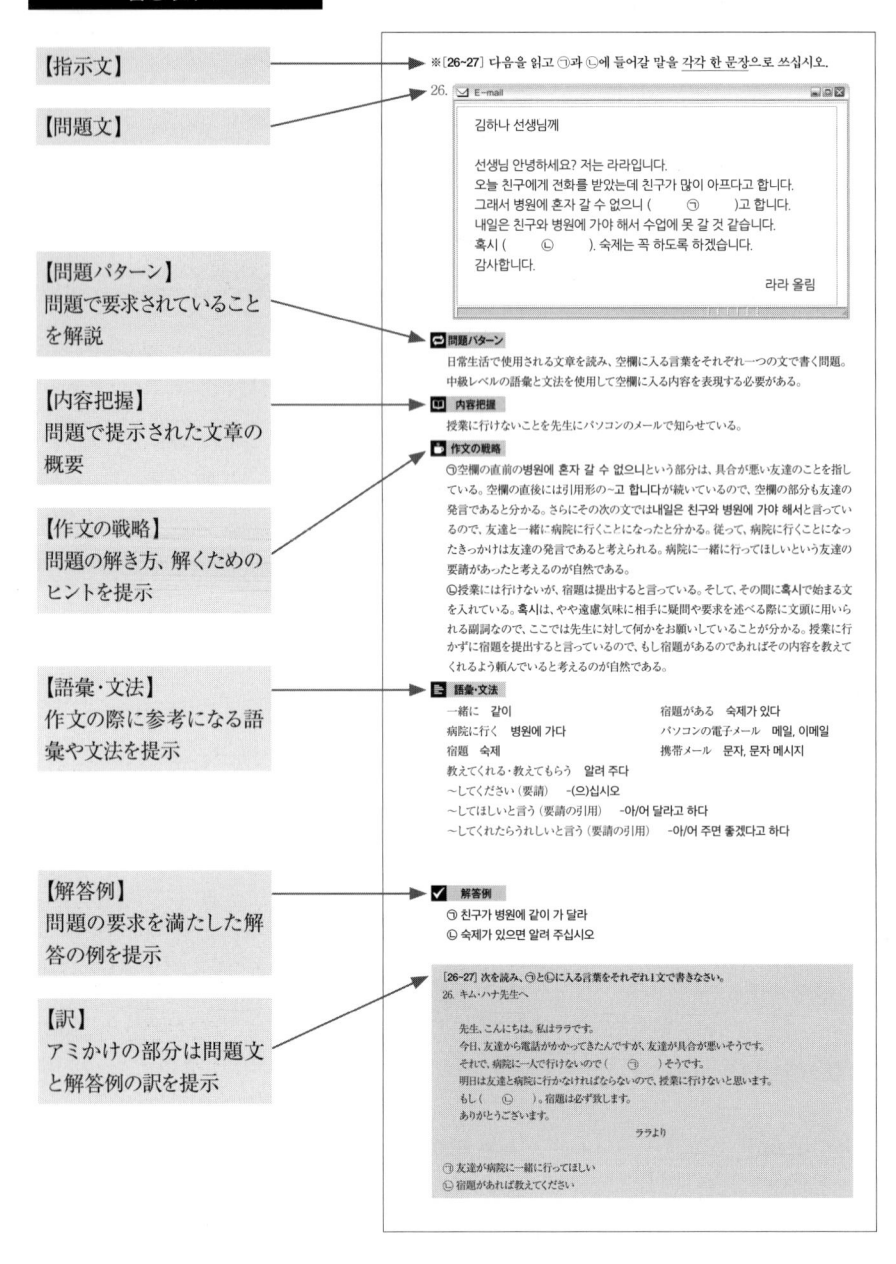

【指示文】

【問題文】

【問題パターン】
問題で要求されていることを解説

【内容把握】
問題で提示された文章の概要

【作文の戦略】
問題の解き方、解くためのヒントを提示

【語彙・文法】
作文の際に参考になる語彙や文法を提示

【解答例】
問題の要求を満たした解答の例を提示

【訳】
アミかけの部分は問題文と解答例の訳を提示

※ [26~27] 다음을 읽고 ㉠과 ㉡에 들어갈 말을 각각 한 문장으로 쓰십시오.

26.
```
E-mail                                    _ □ ×
김하나 선생님께

선생님 안녕하세요? 저는 라라입니다.
오늘 친구에게 전화를 받았는데 친구가 많이 아프다고 합니다.
그래서 병원에 혼자 갈 수 없으니 (   ㉠   )고 합니다.
내일은 친구와 병원에 가야 해서 수업에 못 갈 것 같습니다.
혹시 (   ㉡   ). 숙제는 꼭 하도록 하겠습니다.
감사합니다.
                                        라라 올림
```

■ 問題パターン
日常生活で使用される文章を読み、空欄に入る言葉をそれぞれ一つの文で書く問題。中級レベルの語彙と文法を使用して空欄に入る内容を表現する必要がある。

■ 内容把握
授業に行けないことを先生にパソコンのメールで知らせている。

■ 作文の戦略
㉠空欄の直前の병원에 혼자 갈 수 없으니という部分は、具合が悪い友達のことを指している。空欄の直後には引用形の-고 합니다が続いているので、空欄の部分も友達の発言であると分かる。さらにその次の文では내일은 친구와 병원에 가야 해서と言っているので、友達と一緒に病院に行くことになったと分かる。従って、病院に行くことになったきっかけは友達の発言であると考えられる。病院に一緒に行ってほしいという友達の要請があったと考えるのが自然である。
㉡授業には行けないが、宿題は提出すると言っている。そして、その間に혹시で始まる文を入れている。혹시は、やや遠慮気味に相手に疑問や要求を述べる際に文頭に用いられる副詞なので、ここでは先生に対して何かをお願いしていることが分かる。授業に行かずに宿題を提出すると言っているので、もし宿題があるのであればその内容を教えてくれるよう頼んでいると考えるのが自然である。

■ 語彙・文法
一緒に　같이　　　　　　　　　　　宿題がある　숙제가 있다
病院に行く　병원에 가다　　　　　　パソコンの電子メール　메일, 이메일
宿題　숙제　　　　　　　　　　　　携帯メール　문자, 문자 메시지
教えてくれる・教えてもらう　알려 주다
~してください（要請）　-(으)십시오
~してほしいと言う（要請の引用）　-아/어 달라고 하다
~してくれたらうれしいと言う（要請の引用）　-아/어 주면 좋겠다고 하다

■ 解答例
㉠ 친구가 병원에 같이 가 달라
㉡ 숙제가 있으면 알려 주십시오

[26~27] 次を読み、㉠と㉡に入る言葉をそれぞれ1文で書きなさい。
26. キム・ハナ先生へ

先生、こんにちは。私はララです。
今日、友達から電話がかかってきたんですが、友達が具合が悪いそうです。
それで、病院に一人で行けないので（　㉠　）そうです。
明日は友達と病院に行かなければならないので、授業に行けないと思います。
もし（　㉡　）。宿題は必ず致します。
ありがとうございます。
　　　　　　　　　　　　　　　　　ララより

㉠ 友達が病院に一緒に行ってほしい
㉡ 宿題があれば教えてください

書き取り2

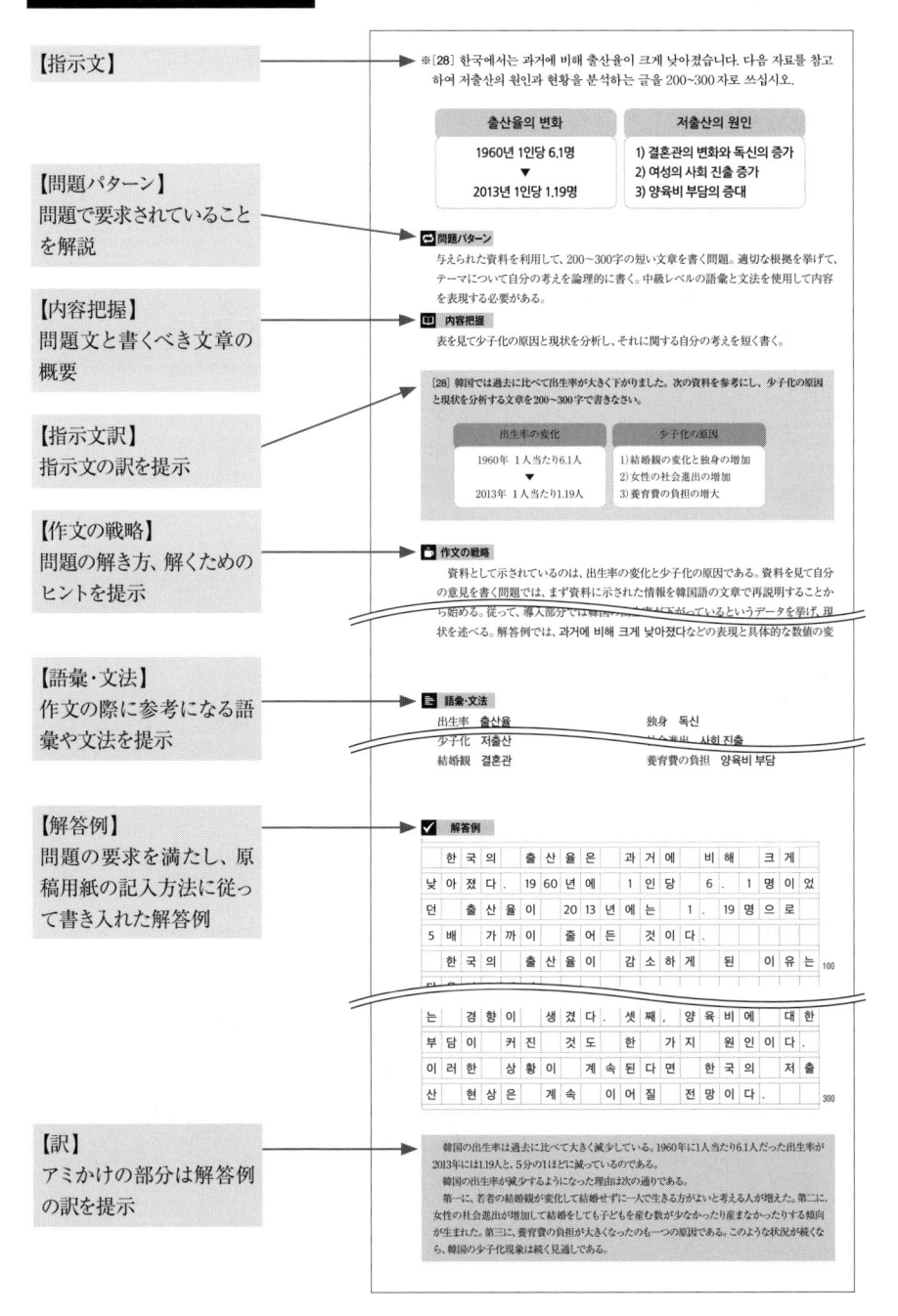

【指示文】

※[28] 한국에서는 과거에 비해 출산율이 크게 낮아졌습니다. 다음 자료를 참고하여 저출산의 원인과 현황을 분석하는 글을 200~300자로 쓰십시오.

출산율의 변화	저출산의 원인
1960년 1인당 6.1명 ▼ 2013년 1인당 1.19명	1) 결혼관의 변화와 독신의 증가 2) 여성의 사회 진출 증가 3) 양육비 부담의 증대

【問題パターン】
問題で要求されていることを解説

問題パターン

与えられた資料を利用して、200~300字の短い文章を書く問題。適切な根拠を挙げて、テーマについて自分の考えを論理的に書く。中級レベルの語彙と文法を使用して内容を表現する必要がある。

【内容把握】
問題文と書くべき文章の概要

内容把握

表を見て少子化の原因と現状を分析し、それに関する自分の考えを短く書く。

【指示文訳】
指示文の訳を提示

[28] 韓国では過去に比べて出生率が大きく下がりました。次の資料を参考にし、少子化の原因と現状を分析する文章を200~300字で書きなさい。

出生率の変化	少子化の原因
1960年 1人当たり6.1人 ▼ 2013年 1人当たり1.19人	1) 結婚観の変化と独身の増加 2) 女性の社会進出の増加 3) 養育費の負担の増大

【作文の戦略】
問題の解き方、解くためのヒントを提示

作文の戦略

資料として示されているのは、出生率の変化と少子化の原因である。資料を見て自分の意見を書く問題では、まず資料に示された情報を韓国語の文章で再説明することから始める。従って、導入部分では韓国の出生率が下がっているというデータを挙げ、理状を述べる。解答例では、過去に比べて大きく低くなったなどの表現と具体的な数値の変

【語彙・文法】
作文の際に参考になる語彙や文法を提示

語彙・文法

出生率 출산율	独身 독신
少子化 저출산	社会進出 사회 진출
結婚観 결혼관	養育費の負担 양육비 부담

【解答例】
問題の要求を満たし、原稿用紙の記入方法に従って書き入れた解答例

解答例

한국의 출산율은 과거에 비해 크게 낮아졌다. 1960년에 1인당 6.1명이었던 출산율이 2013년에는 1.19명으로 5배 가까이 줄어든 것이다. 한국의 출산율이 감소하게 된 이유는

...는 경향이 생겼다. 셋째, 양육비에 대한 부담이 커진 것도 한 가지 원인이다. 이러한 상황이 계속된다면 한국의 저출산 현상은 계속 이어질 전망이다.

【訳】
アミかけの部分は解答例の訳を提示

韓国の出生率は過去に比べて大きく減少している。1960年に1人当たり6.1人だった出生率が2013年には1.19人、5分の1ほどに減っているのである。
韓国の出生率が減少するようになった理由は次の通りである。
第一に、若者の結婚観が変化して結婚せず一人で生きる方がよいと考える人が増えた。第二に、女性の社会進出が増加して結婚をしても子どもを産む数が少なかったり産まなかったりする傾向が生まれた。第三に、養育費の負担が大きくなったのも一つの原因である。このような状況が続くなら、韓国の少子化現象は続く見通しである。

読解1

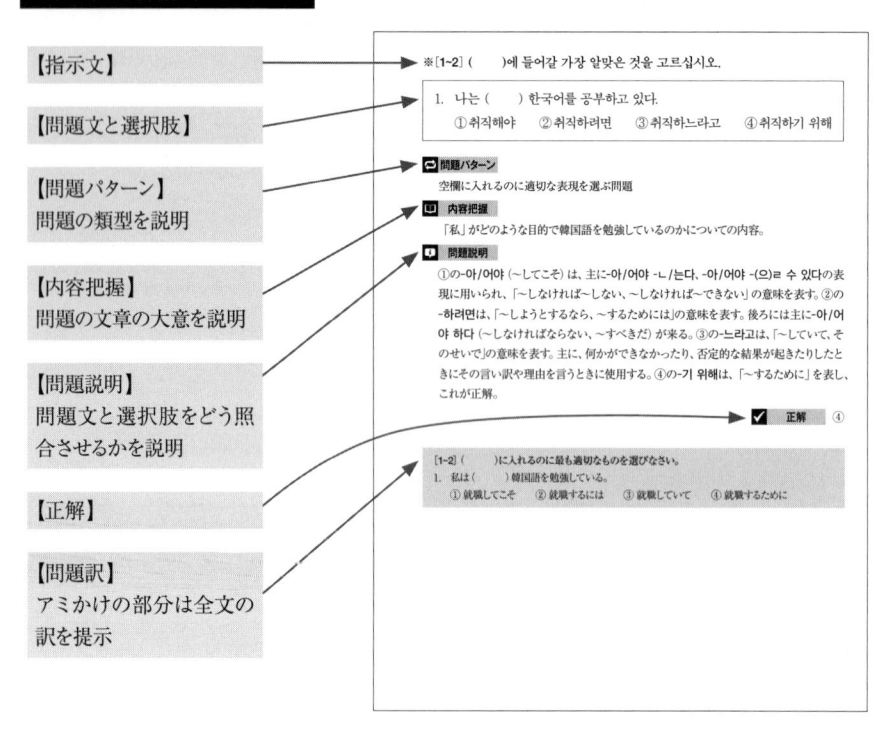

【指示文】

【問題文と選択肢】

【問題パターン】
問題の類型を説明

【内容把握】
問題の文章の大意を説明

【問題説明】
問題文と選択肢をどう照合させるかを説明

【正解】

【問題訳】
アミかけの部分は全文の訳を提示

※[1-2] (　　)에 들어갈 가장 알맞은 것을 고르십시오.

1. 나는 (　　) 한국어를 공부하고 있다.
   ① 취직해야　② 취직하려면　③ 취직하느라고　④ 취직하기 위해

問題パターン
空欄に入れるのに適切な表現を選ぶ問題

内容把握
「私」がどのような目的で韓国語を勉強しているのかについての内容。

問題説明
①の-아/어야 (〜してこそ) は、主に-아/어야 -ㄴ/는다, -아/어야 -(으)ㄹ 수 있다の表現に用いられ、「〜しなければ〜しない、〜しなければ〜できない」の意味を表す。②の-하려면は、「〜しようとするなら、〜するためには」の意味を表す。後ろには主に-아/어야 하다 (〜しなければならない、〜すべきだ) が来る。③の-느라고は、「〜していて、そのせいで」の意味を表す。主に、何かができなかったり、否定的な結果が起きたりしたときにその言い訳や理由を言うときに使用する。④の-기 위해は、「〜するために」を表し、これが正解。

✓ **正解** ④

[1-2] (　　)に入れるのに最も適切なものを選びなさい。
1. 私は(　　)韓国語を勉強している。
   ① 就職してこそ　② 就職するには　③ 就職していて　④ 就職するために

読解2

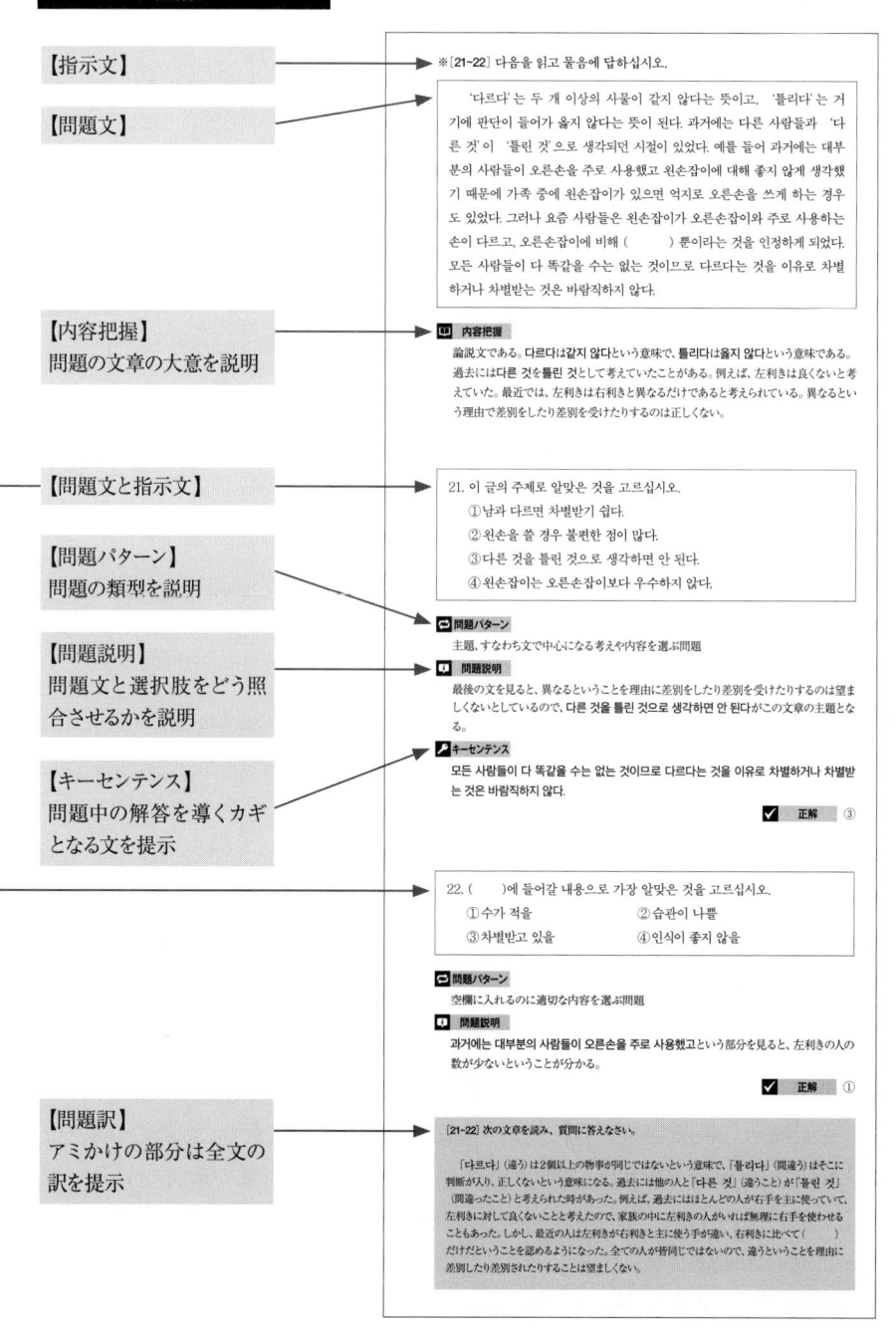

【指示文】 ※[21~22] 다음을 읽고 물음에 답하십시오.

【問題文】
'다르다'는 두 개 이상의 사물이 같지 않다는 뜻이고, '틀리다'는 거기에 판단이 들어가 옳지 않다는 뜻이 된다. 과거에는 다른 사람들과 '다른 것'이 '틀린 것'으로 생각되던 시절이 있었다. 예를 들어 과거에는 대부분의 사람들이 오른손을 주로 사용했고 왼손잡이에 대해 좋지 않게 생각했기 때문에 가족 중에 왼손잡이가 있으면 억지로 오른손을 쓰게 하는 경우도 있었다. 그러나 요즘 사람들은 왼손잡이가 오른손잡이와 주로 사용하는 손이 다르고, 오른손잡이에 비해 (   ) 뿐이라는 것을 인정하게 되었다. 모든 사람들이 다 똑같을 수는 없는 것이므로 다르다는 것을 이유로 차별하거나 차별받는 것은 바람직하지 않다.

【内容把握】
問題の文章の大意を説明

> **内容把握**
> 論説文である。다르다는 같지 않다という意味で、틀리다는 옳지 않다という意味である。過去には다른 것を틀린 것として考えていたことがある。例えば、左利きは良くないと考えていた。最近では、左利きは右利きと異なるだけであると考えられている。異なるという理由で差別をしたり差別を受けたりするのは正しくない。

【問題文と指示文】

21. 이 글의 주제로 알맞은 것을 고르십시오.
    ① 남과 다르면 차별받기 쉽다.
    ② 왼손을 쓸 경우 불편한 점이 많다.
    ③ 다른 것을 틀린 것으로 생각하면 안 된다.
    ④ 왼손잡이는 오른손잡이보다 우수하지 않다.

【問題パターン】
問題の類型を説明

> **問題パターン**
> 主題、すなわち文で中心になる考えや内容を選ぶ問題

【問題説明】
問題文と選択肢をどう照合させるかを説明

> **問題説明**
> 最後の文を見ると、異なるということを理由に差別をしたり差別を受けたりするのは望ましくないとしているので、다른 것을 틀린 것으로 생각하면 안 된다がこの文章の主題となる。

【キーセンテンス】
問題中の解答を導くカギとなる文を提示

> **キーセンテンス**
> 모든 사람들이 다 똑같을 수는 없는 것이므로 다르다는 것을 이유로 차별하거나 차별받는 것은 바람직하지 않다.
>
> ✔ 正解 ③

22. (   )에 들어갈 내용으로 가장 알맞은 것을 고르십시오.
    ① 수가 적을   ② 습관이 나쁠
    ③ 차별받고 있을   ④ 인식이 좋지 않을

> **問題パターン**
> 空欄に入れるのに適切な内容を選ぶ問題
>
> **問題説明**
> 과거에는 대부분의 사람들이 오른손을 주로 사용했고という部分を見ると、左利きの人の数が少ないということが分かる。
>
> ✔ 正解 ①

【問題訳】
アミかけの部分は全文の訳を提示

> [21-22] 次の文章を読み、質問に答えなさい。
>
> 「다르다」(違う)は2側以上の物事が同じではないという意味で、「틀리다」(間違う)はそこに判断が入り、正しくないという意味になる。過去に他の人と「다른 것」(違うこと)が「틀린 것」(間違ったこと)と考えられた時があった。例えば、過去にはほとんどの人が右手を主に使っていて、左利きに対して良くないことを考えたので、家族の中に左利きの人がいれば無理に右手を使わせることもあった。しかし、最近の人は左利きが右利きと主に使う手が違い、右利きに比べて(   )だけだということを認めるようになった。全ての人が皆同じではないので、違うということを理由に差別したり差別されたりすることは望ましくない。

13

4. 音声CD

付録のCDは、音楽CDプレーヤーで再生する音声CDです。CDには聞き取り問題の音声2セットが収録されています。

・TR01 - 19「模擬試験1」聞き取り問題
・TR20 - 38「模擬試験2」聞き取り問題

問題ごとのトラックは、本書問題文の左側に記されたCDマークの数字をご参照ください。

なお、音声のスピードは実際の試験よりも遅めに録音されています。また、長めの音声を聞いて質問に答える一部問題の音声は、実際の試験と同様に2度繰り返されます。

CDの音声は小社ウェブサイト（http://www.hanapress.com）の「サポート」ページ、または本書紹介ページから、MP3形式のファイルでダウンロードすることも可能です。ダウンロードの際には、パスワード「seoultopik」をご入力ください。

TOPIK Ⅱ過去問題ダウンロード

TOPIK Ⅱの一部過去問題は、TOPIKの公式サイトの「정보마당 > 기출문제」より、無料ダウンロードが可能です。本書を使って試験の出題内容や形式に慣れ、十分な練習を行ったら、受験前に過去問題を解き、実際のTOPIK Ⅱの問題数や難易度、音声スピードに慣れるようにしてください。

TOPIK公式サイト ▶▶ http://www.topik.go.kr

ID# TOPIK Ⅱについて知ろう

TOPIK（韓国語能力試験）とは

　TOPIKとはTest of Proficiency in Koreanの略で、日本では本来の韓国語「한국어능력시험」の訳である「韓国語能力試験」という名称でも知られています。TOPIKは1997年に韓国語能力試験KPTとして始まり、その後、数回の改編を経て、2014年に実施された35回試験から現在の体制で行われています。

　TOPIKは韓国政府が認定・実施している検定試験です。韓国文化の理解や韓国留学・就職などに必要な能力の測定・評価を目的とし、受験者の実力を1〜6級までの6段階で評価しています。日本の検定試験とは違い、数字が大きくなるほどレベルが高くなり、6級が最上級となっています。試験の結果は、単に韓国語熟達度を証明するだけでなく、外国人が韓国の大学・大学院に進学したり、韓国の企業に就職したりする際に、本人の韓国語能力を評価する資料として提出が求められる場合が多くなっています。また、日本国内でも、TOPIKの成績を韓国語科目の単位として認定する大学が増えているほか、6級合格者は日本政府観光局（JNTO）が実施している通訳案内士の試験で、韓国語科目試験が免除されています。

　TOPIKは、韓国、日本を含む世界の約70の国と地域で実施されています。韓国では年6回の受験が可能で、日本では4月と10月に全国約30カ所の会場で実施されています（2016年10月現在）。

　TOPIKは、初級レベルの受験者を対象にした「TOPIK Ⅰ（1・2級）」と、中級・上級レベルの受験者を対象にした「TOPIK Ⅱ（3〜6級）」の二つの試験に分かれています（表1、2）。受験者は、試験で取得した点数により、表2のように評価されます。ただし、いずれの基準にも満たない場合は、不合格となります。

表1 TOPIK（韓国語能力試験）

試験種類	TOPIK I	TOPIK II
試験等級	1・2級	3・4・5・6級
評価領域	聞き取り：30問 読解：40問	聞き取り：50問 書き取り：4問（作文含む） 読解：50問
試験時間	100分	180分（110分＋70分）

表2 級別の認定基準

TOPIK I （1・2級）	1級	「自己紹介する」「物を買う」「料理を注文する」など、生活に必要な基礎的な言語能力を持っており、「自分自身」「家族」「趣味」「天気」など、ごく私的で身近な話題に関連した内容を理解して表現できる。約800の基礎語彙と基本文法に対する理解を基に簡単な文章を作成できる。簡単な生活文と実用文を理解し、構成できる。
	2級	「電話する」「お願いする」などの日常生活に必要な言語能力と「郵便局」「銀行」などの公共施設利用に必要な言語能力を持っている。約1,500～2,000の語彙を利用して、私的で身近な話題に関して、段落単位で理解して使うことができる。公式な状況と非公式な状況での言葉を区別して使うことができる。
TOPIK II （3～6級）	3級	日常生活を営むのに特に困難を感じず、さまざまな公共施設の利用や私的な関係維持に必要な基礎的言語能力を持っている。身近で具体的な素材はもちろん、自分になじみがある社会的な素材を段落単位で表現したり理解したりできる。文語と口語の基本的な特性を区別、理解して使うことができる。
	4級	公共施設利用や社会的関係維持に必要な言語能力があり、一般的な業務遂行に必要な言語能力をある程度持っている。また、「ニュース」「新聞記事」の中の平易な内容を理解できる。一般的な社会的・抽象的素材を比較的正確に、流ちょうに理解し、使うことができる。よく使われる慣用表現や代表的な韓国文化に対する理解を基に、社会・文化的な内容を理解して使うことができる。
	5級	専門分野での研究や業務遂行に必要な言語能力をある程度持っている。「政治」「経済」「社会」「文化」全般にわたり、なじみのない素材に関しても理解して使うことができる。公式、非公式の脈絡や口語的、文語的脈絡によって言葉を適切に区別して使うことができる。
	6級	専門分野での研究や業務を比較的正確に、流ちょうに遂行できる言語能力を持っている。「政治」「経済」「社会」「文化」全般にわたり、なじみのないテーマに関しても展開することができる。ネイティブスピーカーのレベルには届かないが、意思疎通や意味表現には困難はない。

TOPIK IIの評価範囲

　それでは、ここからは本書のテーマであるTOPIK IIについて詳しく見ていきましょう。先にTOPIK IIが、中級と上級レベルの受験者が対象ということに触れましたが、2014年の34回試験までは、試験が初級・中級・上級の三つに分かれており、中級の試験で3・4級、上級の試験で5・6級の合否を判断していました。つまり、現状のTOPIK IIでは、TOPIKの最上級合格を目指す人と、中級レベルの人や2級に合格して3級を目指す人、初級を終えたばかりの人が同じ試験を受けることになります。後述するように、当然問題には上級レベルの問題が多く含まれているため、中級を目指すレベルの人にとっては、大変難しく感じられるわけです。そのため、本書では上級レベルの問題は扱わずに、まず中級の実力を見るために出題される問題に絞って練習を行うようにしています。

問題数と配点

　次に、領域別の問題数と配点について説明します（表3）。
　TOPIK IIでは、「聞き取り」50問、「書き取り」4問、「読解」50問の計104問が出題されます。
　TOPIK IIの「聞き取り」「読解」の問題は全て四者択一式で、各50問のうち、幅広いレベルの問題が均等に出題されます。例えば、3級レベルの問題が12問、4級レベルの問題が13問、5級レベルの問題が12問、6級レベルの問題が13問出題されます。それぞれの級の問題は、難易度別に「上」「中」「下」に分けて出題されています。1問当たりの配点は全て2点で、「聞き取り」「読解」領域は、それぞれ100点満点になります。
　中級レベルの学習者が4級に合格するためには、全ての問題を解くことができなくても、領域ごとに、前半に配置されている、3級と4級レベルの問題を確実にものにする必要があります。また、上級レベルの受験者であれば、易しい問題を正確に、かつ速いスピードで解きつつ、問題を最後まで解く必要が出てきます。
　「書き取り」の領域は、4問が出題されます。まず、難易度が「下」の問題が2問（3級下・4級下レベル）、各10点ずつの配点です。これは空欄に適切な文章を書き入れる問題で、一つの問題に2カ所の空欄が設けられており、空欄一つ当たり5点の配点になっています。次に難易度「中」レベル（3〜4級レベル）1問が出題され、配点は30点。最後に、難易度「上」レベル（5〜6級レベル）1問が出題され、配点は50点です。よって、「書き取り」も100

表3 TOPIK IIの問題数および配点

	領域	問題数	点数
1時間目（110分）	聞き取り	50問	100点
	書き取り	4問	100点
2時間目（70分）	読解	50問	100点
合計		104問	300点

表4 領域別問題数および配点

領域	難易度	問題数	問題別配点	全体の配点
聞き取り（100点満点）	3級	12	各2点	24点
	4級	13		26点
	5級	12		24点
	6級	13		26点
書き取り（100点満点）	3〜4級の空欄埋め問題	2	10点	20点
	3〜4級の短い作文	1	30点	30点
	5〜6級の長い作文	1	50点	50点
読解（100点満点）	3級	12	各2点	24点
	4級	13		26点
	5級	12		24点
	6級	13		26点

※ソウル大学研究チームの分析による

点満点になります。

「書き取り」は、使用した語彙と文法の使用レベル、書き取りの課題の遂行可否によって点数が変わります。文章の内容がいくら論理的でも、初級レベルの語彙と文法だけで構成すると、大きく減点されます。

また、問題で提示された条件は、文章の内容に必ず含まれなければなりません。一つでも条件が抜け落ちると、大きく減点されます。問題が、自分の考えを書くことを要求しているのか、問題で提示した情報のみの整理を要求しているか、指示文を読んでよく理解した上で、答えを作成しなければなりません。

さらに、文章の分量も定められた条件に合わせて書かなければなりません。

「書き取り」では、与えられた課題に該当する内容をある程度書くと、「部分点数」が得られます。つまり、あきらめずに問題に取り組めば何らかの点数を得ることができる可能性があるわけです。

なお、「聞き取り」と「読解」の解答は四者択一のマークシート記入方式で行います。試験で使用するペン（サインペン）は当日会場で配布されますが、誤って記入した箇所を修正するための修正テープは各自が準備しなければなりません。

表5 TOPIK II「書き取り」問題採点基準

問題	区分	採点根拠
51〜52 ※本書では26〜27の問題が該当	内容および課題遂行	提示された課題に沿って、適切な内容を書いているか
	言語使用	語彙、文法などの使用が正確か
53〜54 ※本書では28〜29の問題が該当	内容および課題遂行 （12点）	1）与えられた課題を忠実にこなしているか 2）テーマと関連した内容で構成しているか 3）与えられた内容を豊富かつ多様に表現しているか
	文章の展開構造 （12点）	1）文章の構成が明確かつ論理的か 2）主張がしっかり構成されているか 3）論理展開に有用な談話標識を適切に使用して、組織的につないでいるか
	言語使用 （13×2＝26点）	1）文法と語彙を多様かつ豊富に使用し、適切な文法と語彙を選択して使用しているか 2）文法、語彙、正書法などの使用が正確か 3）文章の目的と機能に従い、格式に合うよう文章を書いているか

試験時間

　TOPIK IIの試験は、1時間目と2時間目に分けて行われます。1時間目は「聞き取り」と「書き取り」、2時間目が「読解」です。1時間目の「聞き取り」「書き取り」が合計110分、2時間目の「読解」が70分で、実質的な試験時間は180分になります。

　「聞き取り」は約60分かけて行われます。1時間で50問解かなければならないため、集中力を最後まで維持できるかが鍵になります。

　「書き取り」の4問は50分以内で解かなければいけません。客観式テストではなく、作文問題のため、文章を完成できるように時間配分をうまく行わなければなりません。

　次に、2時間目の「読解」も70分の時間内に50問を解かなければなりません。読むべき文章は後ろにいくほど長くなるため、上級レベルの受験生でも配分をうまく行わないと時間が足りなくなる可能性があります。

　各領域の試験を定められた時間に合わせて、集中力を維持して解くことができるよう、受験に先立ち必ず模擬試験問題を使って練習する必要があります。特に、「読解」問題で時間配分を間違えないよう、練習を繰り返すといいでしょう。

評価判定

　最後に、TOPIK IIにおいて、受験者を3～6級に振り分ける評価判定について見てみましょう。TOPIKでは、三つの領域の合計得点に従って級が決定されます。合格基準は表6の通りです。なお、受験して得たTOPIKの級とスコアは、結果発表日から2年間有効です。

表6　合格基準

級	3級	4級	5級	6級
合格点	120点(40%)以上	150点(50%)以上	190点(63%)以上	230点(77%)以上

日本でのTOPIKの申し込み方法

　日本でのTOPIKは公益財団法人韓国教育財団が主管しており、同財団のホームページに設けられた韓国語能力試験日本公式サイトに、日本での試験日程、試験会場、詳しい申し込み方法が日本語で案内されています。TOPIKの実施情報については、必ず下記の公式サイトで最新情報をご確認下さい。

韓国語能力試験日本公式サイト ▶▶ http://www.kref.or.jp/examination

模擬試験 1
1회 모의고사

TOPIK II
중급

1교시 **듣기, 쓰기**

- 「聞き取り」は、CD音声のTR01-19を使用します。
- 解答用紙は巻末にあります。切り取ってお使いください。
- 正解はP.135に掲載されています。

수험번호(Registration No.)		
이름 (Name)	한국어(Korean)	
	영 어(English)	

TOPIK Ⅱ 듣기 (1번~25번)

※ [1~3] 다음을 듣고 알맞은 그림을 고르십시오. (각 2점)

1. ① ②

   ③  ④

2.
① 
②
③ 
④

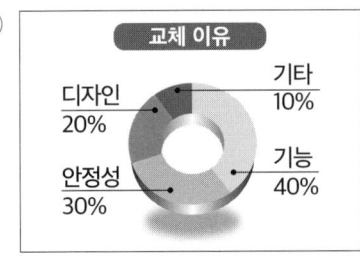

3.
① 교체 이유
디자인 20%
기타 10%
안정성 30%
기능 40%

② 교체 이유
디자인 20%
기타 10%
기능 30%
안정성 40%

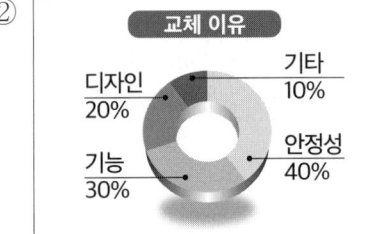

③ 교체 시기 (단위:년)
2005년: 6
2014년: 7

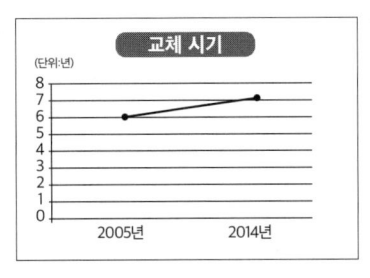

④ 교체 시기 (단위:년)
2005년: 7
2014년: 6

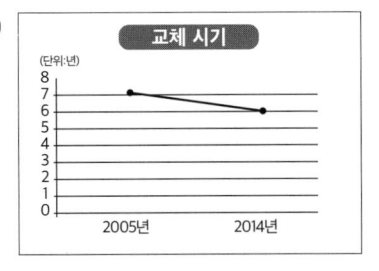

※ [4~5] 다음 대화를 잘 듣고 이어질 수 있는 말을 고르십시오. (각 2점)

4. ① 버스가 정말 빠르네요.
   ② 지하철로 갈아타면 돼요?
   ③ 버스로는 얼마나 걸리는데요?
   ④ 그럼 지하철을 타는 게 어때요?

5. ① 고마워요. 정말 맛있겠어요.
   ② 그래요? 저는 커피를 안 마셔요.
   ③ 전 괜찮아요. 벌써 한 잔 마셔서요.
   ④ 제가 가르쳐 줄게요. 전에 마셔 봤거든요.

※ [6~7] 다음 대화를 잘 듣고 여자가 이어서 할 행동으로 알맞은 것을 고르십시오. (각 2점)

6. ① 잡지를 읽는다.   ② 책을 가지러 간다.
   ③ 머리를 짧게 자른다.   ④ 미용실에 예약을 한다.

7. ① 설문 조사를 하러 간다.
   ② 작성한 보고서를 제출한다.
   ③ 박 대리에게 자료를 달라고 한다.
   ④ 박 대리와 서비스 개선 방안에 대한 회의를 한다.

※ [8~9] 다음 대화를 잘 듣고 내용과 일치하는 것을 고르십시오. (각 2점)

8. ① 동화 작가 사인회는 2시에 시작한다.
   ② 작가의 사인을 받으려면 책을 사야 한다.
   ③ 사인회에서 책에 대한 작가의 설명을 들을 수 있다.
   ④ 오늘 하루 동안 3층 어린이 책 코너에는 들어갈 수 없다.

9. ① 남자는 아침 식사 메뉴를 잘 모르고 있다.
   ② 아침 식사는 여행 상품에 포함되어 있지 않다.
   ③ 식사 메뉴를 선택하려면 홈페이지를 보면 된다.
   ④ 여자는 바로 호텔에 연락해서 메뉴를 확인할 것이다.

※ [10~11] 다음을 듣고 남자의 중심 생각을 고르십시오. (각 2점)

10. ① 로봇 청소기는 사용이 복잡하고 불편하다.
    ② 깨끗하게 청소하려면 로봇 청소기가 필요하다.
    ③ 바쁜 사람들에게는 로봇 청소기가 도움이 된다.
    ④ 비싼 청소기를 사는 것보다 직접 청소하는 게 낫다.

11. ① 창문을 열어 놓으면 감기를 예방할 수 있다.
    ② 실내 온도가 너무 높으면 감기에 걸리기 쉽다.
    ③ 감기는 방 안의 온도 차이가 클수록 잘 걸린다.
    ④ 감기에 걸리지 않으려면 몸을 따뜻하게 해야 한다.

※ [12~13] 다음을 듣고 물음에 답하십시오. (각 2점)

12. 여자의 중심 생각으로 맞는 것을 고르십시오.
　① 돌고래들을 바다에 풀어 주고 나서도 잘 보호해야 한다.
　② 돌고래들을 자연으로 돌려보내는 것에 아무 문제가 없다.
　③ 돌고래들을 충분히 훈련시켜야 걱정 없이 공연할 수 있다.
　④ 돌고래들의 생존 가능성은 풀어 주는 시기에 따라 다르다.

13. 들은 내용으로 맞는 것을 고르십시오.
　① 여자는 돌고래를 바다에 풀어 주는 것을 보고 왔다.
　② 자연으로 돌아간 동물들이 적응에 성공한 적이 없다.
　③ 2년 전에 바다에 풀어 준 돌고래들을 수족관에 다시 데려왔다.
　④ 남자는 풀어 준 돌고래들이 적응에 실패할까 봐 걱정하고 있다.

※ [14~15] 다음을 듣고 물음에 답하십시오. (각 2점)

14. 여자는 무엇을 하고 있는지 고르십시오.
　① '한국인터넷'에 사용 중단을 요구하고 있다.
　② '한국인터넷'에 문제점 개선을 제안하고 있다.
　③ '한국인터넷'의 수리 시스템을 평가하고 있다.
　④ '한국인터넷'에 설치 예약 변경을 요청하고 있다.

15. 들은 내용으로 맞는 것을 고르십시오.
   ① 여자는 '한국인터넷'으로부터 전화를 받았다.
   ② 여자는 기사로부터 아무 연락도 받지 못했다.
   ③ 기사는 오늘 다섯 시 반까지 오기로 되어 있었다.
   ④ 기사는 인터넷을 수리하느라고 예약 시간에 늦었다.

※ [16~17] 다음을 듣고 물음에 답하십시오. (각 2점)

16. 여자가 남자에게 말하는 의도를 고르십시오.
   ① 자율 출근제의 장점을 강조하기 위해
   ② 자율 출근제의 개념을 설명하기 위해
   ③ 자율 출근제의 시행을 제안하기 위해
   ④ 자율 출근제의 목표를 제시하기 위해

17. 들은 내용으로 맞는 것을 고르십시오.
   ① 여자의 회사는 다음 달부터 출퇴근 시간을 늦춘다.
   ② 남자의 회사는 아직 자율 출근제를 시행하지 않고 있다.
   ③ 여자의 회사에서는 일주일에 세 번 같은 시간에 출근한다.
   ④ 남자의 회사에서는 자율 출근제에 대한 만족도가 별로 높지 않다.

※ [18~19] 다음은 인터뷰입니다. 잘 듣고 물음에 답하십시오. (각 2점)

18. 남자는 누구인지 고르십시오.
　① 가수　　　　　　　② 요리사
　③ 신문 기자　　　　　④ 음식 사업가

19. 들은 내용과 일치하는 것을 고르십시오.
　① 남자는 글을 쓰는 데 뛰어난 능력이 있다.
　② 남자는 어머니가 하시던 식당을 운영하고 있다.
　③ 남자와 남자의 아내는 서로 다른 분야에서 일한다.
　④ 남자는 어머니에게 배운 요리 방법을 책으로 펴냈다.

※ [20~21] 다음은 강연입니다. 잘 듣고 물음에 답하십시오. (각 2점)

20. 무엇에 대한 내용인지 맞는 것을 고르십시오.
　① 사물인터넷의 개념　　　② 사물인터넷의 중요성
　③ 사물인터넷의 필요성　　④ 사물인터넷의 사용 방법

21. 들은 내용으로 맞는 것을 고르십시오.
　① 사물인터넷을 통해 개개인의 일상이 연결된다.
　② 사물인터넷의 현실화는 이제 머지않은 일이다.
　③ 사물인터넷을 소재로 한 영화가 늘어나고 있다.
　④ 사물인터넷을 통해 여러 가전제품을 구매할 수 있다.

※ [22~23] 다음은 다큐멘터리입니다. 잘 듣고 물음에 답하십시오. (각 2점)

22. 매가 시력이 좋은 이유로 맞는 것을 고르십시오.
    ① 눈에 있는 시각 세포의 수가 많기 때문에
    ② 사냥하는 대상의 종류를 가리지 않기 때문에
    ③ 좌우를 동시에 관찰하는 능력이 뛰어나기 때문에
    ④ 생존에 필요한 다른 감각이 발달하지 않았기 때문에

23. 이 이야기의 중심 내용으로 맞는 것을 고르십시오.
    ① 새처럼 다양한 시각에서 목표에 접근해야 한다.
    ② 동물 중에서 매가 가장 넓은 시야를 가지고 있다.
    ③ 동물의 시력이 좋을수록 생존 가능성이 높아진다.
    ④ 생존 방식에 따라 필요한 능력이 다르게 발달된다.

※ [24~25] 다음은 대담입니다. 잘 듣고 물음에 답하십시오. (각 2점)

24. 들은 내용과 일치하는 것을 고르십시오.
   ① 체험 학습은 다양한 장소에서 이루어지는 것이 좋다.
   ② 체험 학습이 끝난 후 기록을 남기게 하는 것이 좋다.
   ③ 성공적인 체험 학습을 위해서는 부모의 조언이 중요하다.
   ④ 아이들이 학교에서 체험 학습을 할 기회가 줄어들고 있다.

25. 여자의 태도로 가장 알맞은 것을 고르십시오.
   ① 아이들이 체험 학습에 관심을 갖기를 기대하고 있다.
   ② 다양한 근거를 들어 체험 학습의 효과를 주장하고 있다.
   ③ 올바른 체험 학습 방법을 제시하고 중요성을 강조하고 있다.
   ④ 체험 학습 종류가 부족한 현실에 대해 강하게 비판하고 있다.

TOPIK Ⅱ 쓰기 (26번~29번)

※ [26~27] 다음을 읽고 ㉠과 ㉡에 들어갈 말을 각각 한 문장으로 쓰십시오. (각 10점)

26.
```
✉ E-mail                                        _ □ ×

   김하나 선생님께

   선생님 안녕하세요? 저는 라라입니다.
   오늘 친구에게 전화를 받았는데 친구가 아프다고 합니다.
   그래서 병원에 혼자 갈 수 없으니 (      ㉠      )고 합니다.
   내일은 친구와 병원에 가야 해서 수업에 못 갈 것 같습니다.
   혹시 (      ㉡      ). 숙제는 꼭 하도록 하겠습니다.
   감사합니다.
                                           라라 올림
```

27.
```
  '비단 잉어'라는 물고기는 어항에서 살면 어항의 크기에 맞
게 5~8cm로 자라고, 강에서 살면 150cm까지 자란다고 한
다. 즉 (       ㉠       ). 사람도 마찬가지이다. 좁은
세상에서만 살아온 사람은 조금밖에 성장할 수 없다. 하지만
(      ㉡      ).
```

※ [28] 한국에서는 과거에 비해 출산율이 크게 낮아졌습니다. 다음 자료를 참고하여 저출산의 원인과 현황을 분석하는 글을 200~300자로 쓰십시오. (30점)

출산율의 변화	저출산의 원인
1960년 1인당 6.1명 ▼ 2013년 1인당 1.19명	1) 결혼관의 변화와 독신의 증가 2) 여성의 사회 진출 증가 3) 양육비 부담의 증대

※ [29] 다음을 주제로 하여 자신의 생각을 600~700자로 글을 쓰십시오. (50점)

국가가 발전하고 성장할수록 인구가 대도시로 모이는 현상이 나타납니다. 그리고 그에 따라 여러 가지 문제가 생기게 됩니다. 이러한 사회적 특성을 참고하여, '대도시 인구 집중 현상'에 대해 아래의 내용을 중심으로 자신의 생각을 쓰십시오.

- 대도시에 인구가 모이는 이유는 무엇입니까?
- 그 결과 어떤 문제점들이 나타났습니까?
- 그 문제를 해결하기 위해서 어떤 노력이 필요합니까?

* **원고지 쓰기의 예**

집	이		좁	다	고		느	껴	질		때	는		필	요		없	는
물	건	을		버	리	는		것	이		좋	다	.		그	런	데		언	젠

제1교시 듣기, 쓰기 시험이 끝났습니다. 제2교시는 읽기 시험입니다.

実際の試験では、1時間目の「聞き取り」「書き取り」の試験終了後、2時間目の「読解」までに30分間の休憩時間があります。

模擬試験 1
1회 모의고사

TOPIK II
중급

2교시 **읽기**

- 解答用紙は巻末にあります。切り取ってお使いください。
- 正解はP.135に掲載されています。

수험번호(Registration No.)		
이름 (Name)	한국어(Korean)	
	영 어(English)	

TOPIK II 읽기 (1번~25번)

※[1~2] (   )에 들어갈 가장 알맞은 것을 고르십시오. (각 2점)

1. 나는 (   ) 한국어를 공부하고 있다.
   ① 취직해야   ② 취직하려면
   ③ 취직하느라고   ④ 취직하기 위해

2. 처음에는 몰랐는데 그 사람을 (   ) 훌륭하다는 생각이 들었다.
   ① 만날수록   ② 만난 김에
   ③ 만나고 보면   ④ 만나는 만큼

※[3~4] 다음 밑줄 친 부분과 의미가 비슷한 것을 고르십시오. (각 2점)

3. 친구가 회사를 <u>그만둔다기에</u> 조금 더 생각해 보라고 했다.
   ① 그만둔다거나   ② 그만둔다길래
   ③ 그만둔다면서   ④ 그만둔다더니

4. 갑자기 비가 <u>쏟아지는 바람에</u> 야구 경기가 중단되었다.
   ① 쏟아져도   ② 쏟아질 텐데
   ③ 쏟아지는 한   ④ 쏟아지는 통에

※ [5~7] 다음은 무엇에 대한 글인지 고르십시오. (각 2점)

5.
> **문서 작성뿐만 아니라 영화 감상까지!**
> 더 얇아지고 가벼워진 내 책상 위의 친구

① 카메라   ② 복사기   ③ 노트북   ④ 녹음기

6.
> **혼자 하기 싫으면 동호인과 함께하면 됩니다.**
> 남는 시간을 풍성하게 해 줄 다양한 즐거움이 있습니다.

① 연구 활동   ② 여가 활동   ③ 생산 활동   ④ 취업 활동

7.
> **물건과 영수증을 함께 가지고 오십시오.**
> 구입 후 일주일 이내로 오셔야 합니다.

① 제품 문의   ② 매장 소개   ③ 구입 안내   ④ 환불 방법

※ [8~11] 다음 글 또는 도표의 내용과 같은 것을 고르십시오. (각 2점)

8.

제주·여수 여행

- 여행 기간 : 2016년 12월 23일(금) ~ 2016년 12월 27일(화) (4박 5일)
- 상품 가격 : 성인(만 12세 이상) 490,000원 / 아동(만 12세 미만) 430,000원
- 여행 여정 : 김포공항(비행기) → 제주(배) → 여수(비행기) → 김포공항

* 11월 23일까지 예약하신 분께는 여행 가방을 무료로 드립니다.
* 신청자가 20명 이하인 경우 여행이 취소될 수 있습니다.

① 제주에서 바로 김포공항으로 돌아온다.
② 신청자가 10명이면 여행을 못 갈 수 있다.
③ 출발 한 달 전까지 예약해야 여행이 취소되지 않는다.
④ 출발 한 달 전에 예약하면 여행 가방을 할인받을 수 있다.

9.

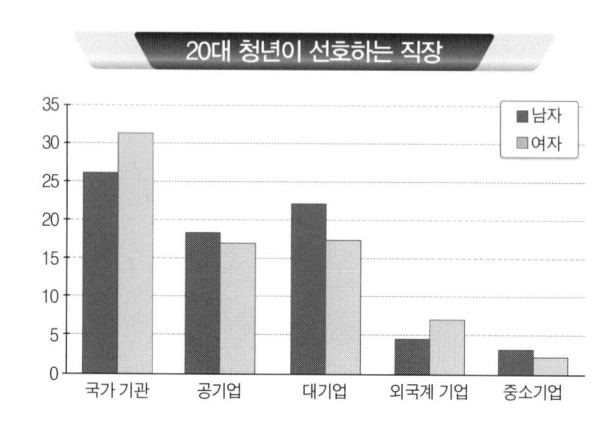

20대 청년이 선호하는 직장

① 외국계 기업은 여자보다 남자에게 더 인기가 많다.
② 남자들은 대기업보다 공기업에 취직하기를 더 원한다.

③ 국가 기관을 선호하는 비율은 남자가 여자보다 더 높다.
④ 남녀 모두 국가 기관에 들어가고 싶어 하는 사람이 가장 많다.

10.
> 에스컬레이터를 탈 때 바쁜 사람들이 빨리 지나갈 수 있도록 한 쪽으로 줄을 서서 타는 경우가 많다. 그런데 한 줄로 서면 에스컬레이터가 한쪽만 너무 무거워져서 고장이 날 수 있고 급하게 지나가는 사람들이 넘어져서 다칠 수도 있다. 그러므로 에스컬레이터를 탈 때는 두 줄로 타고 바쁜 사람은 계단을 이용하는 것이 좋다.

① 바쁜 사람들을 위해 한 줄로 에스컬레이터를 타야 한다.
② 한 줄로 서서 타면 에스컬레이터가 고장 날 위험이 있다.
③ 바쁜 사람들은 계단보다 에스컬레이터를 이용하는 것이 좋다.
④ 에스컬레이터를 두 줄로 타는 것이 계단을 이용하는 것보다 낫다.

11.
> 강진구에서는 오는 4월 3일부터 4월 13일까지 벚꽃 축제가 열린다. 이 축제는 4월 3일 오전 10시에 강진구청 앞 가로수길에서 초청 가수의 공연으로 시작된다. 마지막 날 밤에는 다양한 먹을거리를 맛보고 구입할 수 있는 시장이 열리며 밤 9시부터 자정까지 불꽃놀이가 펼쳐질 예정이다. 축제 날짜는 꽃이 피는 시기에 따라 조정될 수 있다.

① 벚꽃 축제는 강진구에서 일주일간 열린다.
② 4월 13일 밤 10시에 불꽃놀이를 볼 수 있다.
③ 초청 가수가 축제의 마지막 날에 나올 것이다.
④ 축제 날짜는 이미 정해졌으므로 바뀌지 않을 것이다.

※[12~13] 다음을 순서대로 맞게 배열한 것을 고르십시오. (각 2점)

12.
(가) 물에 씻어 놓은 떡과 양념을 넣고 끓인다.
(나) 떡을 씻어 놓고 양배추와 어묵과 파도 썰어 놓는다.
(다) 그 다음에 고추장, 간장, 마늘, 설탕을 넣어 양념을 만든다.
(라) 떡과 양념을 넣은 물이 끓으면 양배추, 어묵, 파를 넣고 마무리한다.

① (가)-(나)-(라)-(다)　　② (가)-(라)-(나)-(다)
③ (나)-(가)-(다)-(라)　　④ (나)-(다)-(가)-(라)

13.
(가) 그 외에 가구당 최대 50만 원의 이사 비용도 지원한다.
(나) 지원 내용으로는 파트타임 일자리 제공과 생활비 지원이 있다.
(다) 이상의 지원을 받으려면 농촌으로 이사하여 실제로 거주해야 한다.
(라) 정부는 도시민이 농촌으로 가서 살 경우 여러 가지 지원을 하고 있다.

① (나)-(다)-(라)-(가)　　② (나)-(라)-(가)-(다)
③ (라)-(가)-(다)-(나)　　④ (라)-(나)-(가)-(다)

※ [14~15] 다음을 읽고 (   )에 들어갈 내용으로 가장 알맞은 것을 고르십시오. (각 2점)

14.
> 어떤 문제가 생겼을 때 남녀의 반응은 다르다. 여자는 상대방이 자신의 감정을 알아주기를 원하는 데에 비해 남자는 문제가 일어난 이유가 무엇인지 알아내고 누구의 잘못인지를 밝히고 싶어 한다. 이렇듯 문제가 생겼을 때 남자와 여자는 (   ) 알 수 있다.

① 사용하는 언어가 동일하지 않다는 것을
② 문제를 해결하는 시간에 차이가 있다는 것을
③ 문제에 대해 반응하는 것이 서로 다르다는 것을
④ 상대방을 생각하는 정도가 서로 같지 않다는 것을

15.
> 사람의 귀에는 작은 길이 있다. 이 길로 공기가 드나들면서 몸 안팎 공기의 압력을 조절한다. 그런데 비행기를 탔을 때 압력 조절이 잘 안 되면 귀가 아플 수도 있다. 비행기가 올라가면 비행기 안의 공기가 급격히 줄면서 압력이 낮아진다. 그러나 몸 안의 압력은 빠르게 낮아지지 않으므로 몸 안팎의 압력 차이가 생겨 통증을 느끼게 된다. 이때 침을 삼키면 공기의 길이 열려 공기가 (   ) 통증이 없어진다.

① 맑아지면서   ② 빠져나가면서
③ 차가워지면서   ④ 가라앉으면서

※[16~17] 다음을 읽고 물음에 답하십시오. (각 2점)

> 어떤 일을 할 때 여러 사람이 같이 하면 그만큼 효과가 더 클 것이라고 생각하기 쉽다. 그러나 사람의 수가 많아지면 (   ) 한 사람이 내는 효과는 줄어든다. 줄을 당기는 실험에서 혼자 줄을 당길 때는 100%의 힘을 냈지만 8명이 당길 때는 각각 49%의 힘만 썼다는 결과가 나왔다. 이 실험을 보더라도 다수의 사람이 무리를 지어 일하는 것보다 소수의 인원으로 일하는 것이 더 효과적이라는 것을 알 수 있다.

16. (   )에 들어갈 알맞은 것을 고르십시오.
    ① 오히려   ② 드디어
    ③ 게다가   ④ 도대체

17. 이 글의 중심 생각을 고르십시오.
    ① 사람이 적을수록 일하기가 쉽다.
    ② 여러 사람들이 같이 일을 해서는 안 된다.
    ③ 많은 수의 사람보다 적은 수의 사람이 모여 일하는 것이 더 낫다.
    ④ 좋은 결과를 내려면 여러 사람의 힘보다 한 사람의 힘이 더 중요하다.

※ [18~19] 다음을 읽고 물음에 답하십시오. (각 2점)

> 오늘도 나는 아내와 두 아들을 데리고 도시락 배달 봉사를 다녀왔다. 도시락 배달 봉사는 일주일에 한 번씩 토요일에 나가는데, 한 조에 5명씩 요리 조, 포장 조, 배달 조, 설거지 조로 나뉘어서 도시락 배달을 준비한다. 아내는 요리 조, 두 아들과 나는 배달 조였는데 우리가 배달을 나간 곳은 혼자 사는 노인이 많이 살고 있는 동네였다. 그런데 배달 갈 때마다 늘 찾아뵙던 할아버지 한 분을 이번에는 만날 수가 없었다. 며칠 전에 돌아가셨다는 것이다. <u>다시 못 볼 줄 알았다면 더 잘해 드렸을 텐데 그렇게 하지 못해 마음이 아팠다.</u> 앞으로는 매순간이 마지막인 것처럼 최선을 다해서 봉사 활동을 해야겠다는 생각이 들었다.

18. 밑줄 친 부분에 나타난 나의 기분으로 알맞은 것을 고르십시오.
    ① 두렵다　　　　　② 아쉽다
    ③ 답답하다　　　　④ 부끄럽다

19. 이 글의 내용과 같은 것을 고르십시오.
    ① 아내와 나는 다른 조에서 봉사했다.
    ② 나는 오늘 도시락 배달 봉사를 하기 시작했다.
    ③ 나는 한 달에 두 번 도시락 배달 봉사를 하러 간다.
    ④ 내가 배달 나간 동네에는 대부분 가족들이 같이 살고 있다.

※[20] 다음 글에서 <보기>의 문장이 들어가기에 가장 알맞은 곳을 고르십시오. (2점)

가끔 커피숍에 가서 혼자 조용히 책을 읽거나 쉬고 싶을 때가 있는데 그러기는 쉽지 않다. (㉠) 대부분의 커피숍에서는 많은 사람들이 이야기를 나누거나 음악이 크게 나오기 때문이다. (㉡) 그런데 음악이 조용하게 흐르는 가운데 커피를 마시면서 책을 볼 수 있는 커피숍이 있다. (㉢) 커피를 마시며 이렇게 마음껏 책을 읽는 여유를 즐기고 싶다면 이곳에 가기를 권하고 싶다. (㉣)

보기

이곳에서는 여러 종류의 책을 진열해 놓고 손님이 마음대로 읽을 수 있게 하고 있다.

① ㉠   ② ㉡   ③ ㉢   ④ ㉣

※ [21~22] 다음을 읽고 물음에 답하십시오. (각 2점)

> '다르다'는 두 개 이상의 사물이 같지 않다는 뜻이고, '틀리다'는 거기에 판단이 들어가 옳지 않다는 뜻이 된다. 과거에는 다른 사람들과 '다른 것'이 '틀린 것'으로 생각되던 시절이 있었다. 예를 들어 과거에는 대부분의 사람들이 오른손을 주로 사용했고 왼손잡이에 대해 좋지 않게 생각했기 때문에 가족 중에 왼손잡이가 있으면 억지로 오른손을 쓰게 하는 경우도 있었다. 그러나 요즘 사람들은 왼손잡이가 오른손잡이와 주로 사용하는 손이 다르고, 오른손잡이에 비해 (   ) 뿐이라는 것을 인정하게 되었다. 모든 사람들이 다 똑같을 수는 없는 것이므로 다르다는 것을 이유로 차별하거나 차별받는 것은 바람직하지 않다.

21. 이 글의 주제로 알맞은 것을 고르십시오.
    ① 남과 다르면 차별받기 쉽다.
    ② 왼손을 쓸 경우 불편한 점이 많다.
    ③ 다른 것을 틀린 것으로 생각하면 안 된다.
    ④ 왼손잡이는 오른손잡이보다 우수하지 않다.

22. (   )에 들어갈 내용으로 가장 알맞은 것을 고르십시오.
    ① 수가 적을   ② 습관이 나쁠
    ③ 차별받고 있을   ④ 인식이 좋지 않을

※ [23~25] 다음을 읽고 물음에 답하십시오. (각 2점)

> 오늘날과 같은 세계화 시대에 창의성 교육은 대부분의 나라에서 교육이 나아갈 새로운 방향으로 제시되고 있다. 창의성 교육이란 새로운 것을 생각해 내는 능력을 기르는 교육이다. 현재 창의성 교육을 실시하고 있는 나라는 많지 않다. 창의성 교육으로 유명한 한 나라에서는 교육 목표를 모든 학생에게 똑같은 교육을 하는 데에 두지 않고 학생들이 각자 다른 개성을 가지고 성장할 수 있도록 돕는 데에 두고 있다. 그래서 선생님이 교과서에만 의존하지 않고 학생들에게 맞는 교육 자료를 개발하여 가르치는 경우도 있다. 이와는 달리 많은 나라에서는 선생님이 학생의 개성을 고려하지 않고 교과서에 있는 지식을 전달하는 데에만 집중하고 있어서 문제가 된다. 학생들의 창의성을 키우기 위해서는 (   ) 학생 개개인에게 맞춰 수업을 해야 할 것이다. 학생들의 개성을 살리고 창의력을 키울 수 있도록 더 힘써야 하겠다.

23. 필자가 이 글을 쓴 목적을 고르십시오.
   ① 창의성 교육의 뜻을 설명하기 위해
   ② 현재 한국의 교육 상황을 알리기 위해
   ③ 창의성 교육의 필요성을 주장하기 위해
   ④ 창의성 교육이 성공한 예를 제시하기 위해

24. (　　　　　)에 들어갈 내용으로 가장 알맞은 것을 고르십시오.
   ① 새로운 것을 가르칠 것이 아니라
   ② 교육 목표를 참고할 것이 아니라
   ③ 모두에게 동일한 내용을 가르칠 것이 아니라
   ④ 교육 자료를 직접 만들어서 가르칠 것이 아니라

25. 밑줄 친 부분에 나타난 필자의 태도로 알맞은 것을 고르십시오.
   ① 앞으로 새로운 교육이 실시될 것을 알려 주고 있다.
   ② 교육의 변화가 가져올 미래의 상황을 우려하고 있다.
   ③ 현재 교육 문제를 해결할 방법에 대해 제시하고 있다.
   ④ 여러 나라에서 하고 있는 교육의 문제점을 지적하고 있다.

模擬試験 1
1회 모의고사

解説

聞き取り

※ [1~3] 다음을 듣고 알맞은 그림을 고르십시오.

1. ① ②  ③  ④

🔄 問題パターン
会話を聞き、内容と一致する絵を選ぶ問題

📖 内容把握
女性の달러를 한국 돈으로 바꾸러 왔는데요という発言から銀行の中での出来事だと推測できる。また、男性の네, 저쪽 창구로 가시면 됩니다から方向を指示するしぐさが絵に描かれていなければならない。

🔑 キーセンテンス
달러를 한국 돈으로 바꾸러 왔는데요.

✅ 正解 ①

[1~3] 다음을 듣고 알맞은 그림을 고르십시오.
1. 남자 : 어서 오십시오. 무엇을 도와 드릴까요?
   여자 : 달러를 한국 돈으로 바꾸러 왔는데요.
   남자 : 네, 저쪽 창구로 가시면 됩니다.

[1~3] 次を聞いて、適切な絵を選びなさい。
1. 男：いらっしゃいませ。どういったご用件でしょうか？
　　女：ドルを韓国のお金に替えに来たんですが。
　　男：はい、あちらの窓口に行ってください。

単語と表現　-(으)면 되다
例) 저쪽 창구로 가시면 됩니다.
　　あちらの窓口へどうぞ（あちらの窓口へ行けば大丈夫です）。

2.　① ②  ③  ④

問題パターン
会話を聞き、内容と一致する絵を選ぶ問題

内容把握
男性の공항까지 데려다 줘서 고마워という発言から、男性がこれから出発する人であることが分かる。また、女性の조심해서 가고 도착하면 꼭 연락해という発言から、女性が見送る人であることが分かる。
会話の場所は空港で、男性と女性が반말（パンマル／해체）を用いていることから、友達や同僚の関係であることが推測できる。

模擬試験1 解説　聞き取り

🔑 キーセンテンス

바쁜데 이렇게 공항까지 데려다 줘서 고마워.

✅ 正解 ②

2. 남자 : 유미야, 바쁜데 이렇게 공항까지 데려다 줘서 고마워.
   여자 : 아니야. 오늘은 쉬는 날인데, 뭐. 조심해서 가고 도착하면 꼭 연락해.
   남자 : 그래. 전화할게.

2. 男：ユミ、忙しいのにこうして空港まで送ってくれてありがとう。
   女：いいえ。今日は休みの日だから。気を付けて、着いたら必ず連絡してね。
   男：ああ。電話するよ。

📖 単語と表現　데리다 (連れる) の用法

가다や오다のように移動を表す単語、있다のように存在を表す単語と一緒に使われる。

(~에, ~을/를) 데리고 가다 / 오다　　　(～に、～を) 連れていく・くる
(~에, ~을/를) 데려가다 / 오다　　　　(～に、～を) 連れていく・くる
(~에, ~을/를) 데리러 가다 / 오다　　　(～に、～を) 迎えにいく・くる
(~에, ~을/를) 데려다 주다　　　　　　(～に、～を) 送ってあげる・くれる
(~을/를) 데리고 (~에) 있다　　　　　(～を) 連れて (～に) いる

※ 以下のように単独で用いることはできない。

✕ 아이를 데린 어머니
　　↓
○ 아이를 데리고 온 / 있는 어머니
　　子どもを連れてきた / いるお母さん

✕ 어머니가 아이를 데렸다
　　↓
○ 어머니가 아이를 데리고 있다 / 왔다
　　お母さんが子どもを連れている / きた

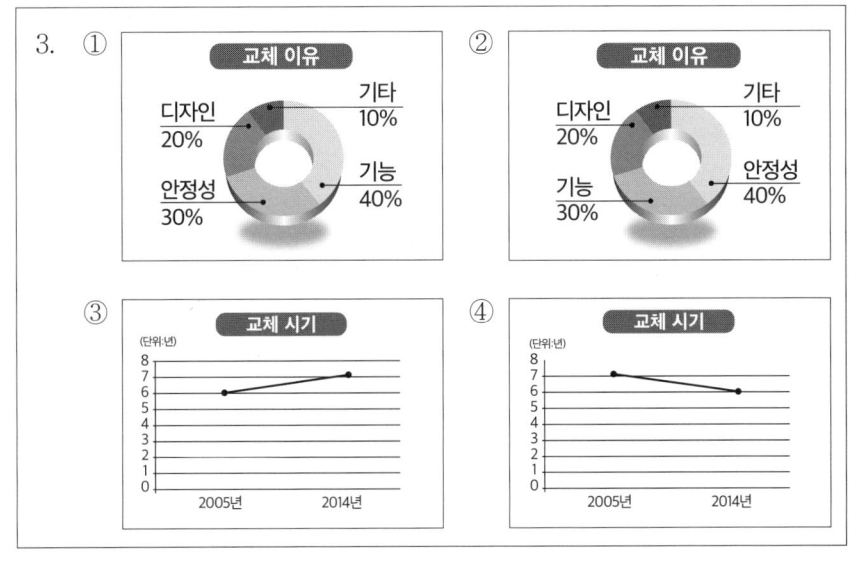

3. ① 교체 이유: 디자인 20%, 기타 10%, 안정성 30%, 기능 40%
② 교체 이유: 디자인 20%, 기타 10%, 기능 30%, 안정성 40%
③ 교체 시기 (단위:년): 2005년 6, 2014년 7
④ 교체 시기 (단위:년): 2005년 7, 2014년 6

🔁 問題パターン

報道を聞き、内容と一致する図表を選ぶ問題

📖 内容把握

自動車を買い替える理由として一番多いものは機能であると述べている。
- 円グラフは車の買い替え理由の比率を示している。機能＞デザイン＞安定性の順番でなければならない。
- 線グラフは車の買い替え時期の変化を示している。現在は7.2年であると述べているが、10년 전에 비하여… 늦어진 것으로 조사되었습니다ということは、同じ車により長く乗るようになったことを意味するので、2005年より2014年がさらに上昇するグラフでなければならない。

🔑 キーセンテンス

'기능' 때문이라는 응답이 가장 많았고 '디자인', '안정성' 때문이라는 응답이 그 뒤를 이었습니다.

✔ 正解 ③

3. 남자 : 성인 남녀 500명을 대상으로 자동차를 바꾸는 이유에 대하여 조사한 결과 '기능' 때문이라는 응답이 가장 많았고 '디자인', '안정성' 때문이라는 응답이 그 뒤를 이었습니다. 교체 시기의 경우 차량 구입 후 평균 7.2년으로 10년 전에 비하여 1.2년 정도 늦어진 것으로 조사되었습니다.

3. 男：成人男女500人を対象に、自動車を替える理由について調査した結果、「機能」のためという答えが一番多く、「デザイン」「安定性」のためという答えが続きました。買い替え時期については、購入後平均7.2年で、10年前に比べて1.2年ほど遅くなったことが分かりました。

※ [4~5] 다음 대화를 잘 듣고 이어질 수 있는 말을 고르십시오.

4. ① 버스가 정말 빠르네요.
   ② 지하철로 갈아타면 돼요?
   ③ 버스로는 얼마나 걸리는데요?
   ④ 그럼 지하철을 타는 게 어때요?

問題パターン
会話を聞き、後ろに続く発言として適切なものを選ぶ問題

内容把握
男性が地下鉄に乗ろうとしていたが、女性は地下鉄の駅は遠いのでバスに乗ることを勧めている。従って、男性が地下鉄を諦め、バスの情報 (例：所要時間、費用、路線番号など) を尋ねる発言が来るのが自然である。よって、バスに乗る場合の所要時間を尋ねる選択肢が正解。

キーセンテンス
버스를 타는 게 낫겠어요.

✓ 正解 ③

[4~5] 다음 대화를 잘 듣고 이어질 수 있는 말을 고르십시오.
4. 남자: 이 근처에 지하철역은 없나 봐요.
   여자: 있기는 한데 좀 멀어요. 버스를 타는 게 낫겠어요.

[4~5] 次の会話をよく聞き、後ろに続く発言を選びなさい。
4. 男：この近くに地下鉄の駅はないようです。
   女：あるにはありますが、ちょっと遠いです。バスに乗った方がいいです。

① バスが本当に早いですね。
② 地下鉄に乗り換えればいいですか？
③ バスではどれくらいかかるんですか？
④ それでは、地下鉄に乗るのはどうですか？

5. ①고마워요. 정말 맛있겠어요.
② 그래요? 저는 커피를 안 마셔요.
③ 전 괜찮아요. 벌써 한 잔 마셔서요.
④ 제가 가르쳐 줄게요. 전에 마셔 봤거든요.

問題パターン
会話を聞き、後ろに続く発言として適切なものを選ぶ問題

内容把握
男性は友達にお茶をプレゼントされたが、飲み方が分からない。それを聞いた女性は、「私も飲み方が分からない」または「私は飲み方を知っている」などのように応じるのが自然である。従って、「以前飲んだことがあるので、飲み方を教えてあげる」という選択肢が正解。

キーセンテンス
어떻게 마시는지 잘 모르겠어요.

正解 ④

5. 여자 : 우진 씨, 뭘 그렇게 보고 있어요?
남자 : 아, 이거요? 외국에서 온 친구가 선물로 준 차인데요. 어떻게 마시는지 잘 모르겠어요.

5. 女：ウジンさん、何をそんなに見ているんですか？
男：あ、これですか？ 外国から来た友達がプレゼントでくれたお茶なんですけどね。どうやって飲むのかよく分からないんですよ。

① ありがとうございます。本当においしそうです。
② そうですか？ 私はコーヒーを飲みません。
③ 私は大丈夫です。すでに1杯飲みまして。
④ 私が教えてあげます。前に飲んだことがあるんです。

単語と表現 어떻게 마시는지 잘 모르겠어요.
① 어떻게 마시는지
日本語訳すると「どのようにして飲むのか」すなわち「飲み方」のことである。日本語なら「飲み

方」のように名詞を用いるが、韓国語では動詞を使う場合があることに注意。
② 잘 모르겠어요
　모르다は、現在の状況を表す場合であっても몰라요より모르겠어요の方がよく使われる。この-겠-は未来や推測・意志を表すより모르다（分からない）という否定的な状況を柔らかく表現しようとする話し手の態度を表す、すなわち婉曲の-겠-である。

※ [6~7] 다음 대화를 잘 듣고 여자가 이어서 할 행동으로 알맞은 것을 고르십시오.

6. ① 잡지를 읽는다.　　　　② 책을 가지러 간다.
　　③ 머리를 짧게 자른다.　　④ 미용실에 예약을 한다.

🔄 問題パターン
会話を聞き、登場人物が次に取りそうな行動を選ぶ問題

📖 内容把握
읽으실 것という表現は、本や雑誌、新聞などのことを指している。それに続く女性の갖다 드릴게요という発言から、女性が読む物を持ってこようとしていることが分かる。

🔑 キーセンテンス
네. 그럼 기다리시는 동안 읽으실 것 좀 갖다 드릴게요.

✅ 正解　②

[6~7] 다음 대화를 잘 듣고 여자가 이어서 할 행동으로 알맞은 것을 고르십시오.
6. 여자 : 어서 오세요. 예약하셨어요?
　　남자 : 아니요. 안 했는데요. 머리 자르려면 얼마나 기다려야 돼요?
　　여자 : 한 시간쯤 기다리셔야 할 것 같은데 괜찮으시겠어요?
　　남자 : 네, 괜찮아요.
　　여자 : 네. 그럼 기다리시는 동안 읽으실 것 좀 갖다 드릴게요.

[6~7] 次の会話をよく聞き、女性が次に取る行動として適切なものを選びなさい。
6. 女：いらっしゃいませ。予約なさってますか?
　　男：いいえ。していません。髪を切るには、どれくらい待たなければいけませんか?
　　女：1時間ほどお待ちいただかなければならないと思いますが、大丈夫でしょうか?
　　男：はい、大丈夫です。
　　女：はい。それでは、お待ちになっている間にお読みになる物をお持ちいたします。

① 雑誌を読む。　　　　② 本を取りに行く。
③ 髪を短く切る。　　　④ 美容室に予約をする。

単語と表現　動詞の連体形

　動詞＋名詞の複合語の場合、日本語では「動詞の連用形＋名詞」が一般的であるが、韓国語では「動詞の連体形＋名詞」が多い。三つある動詞の連体形語尾-(으)ㄴ、-는、-(으)ㄹのうちどれを用いるかはそれぞれ異なるので、複合語全体で覚えておくことが望ましい。

読み物	읽을 것
飲み物	마실 것
切符売り場	표 파는 곳
乗り場	타는 곳
市役所行きのバス	시청 가는 버스

7. ① 설문 조사를 하러 간다.
　　② 작성한 보고서를 제출한다.
　　③ 박 대리에게 자료를 달라고 한다.
　　④ 박 대리와 서비스 개선 방안에 대한 회의를 한다.

問題パターン
会話を聞き、登場人物が次に取りそうな行動を選ぶ問題

内容把握
女性が報告書作成において参考になる資料が必要だと述べており、それに対して男性が先月パク代理が調査した資料を受け取って見てみることをすすめている。女性の**바로 연락해 보겠습니다**という発言における連絡対象はパク代理であり、パク代理に連絡して先月の調査資料を請求すると推測できる。

キーセンテンス
지난달에 박 대리가 조사한 자료가 있으니까 그걸 받아서 한번 보세요.

正解　③

7.　여자 : 과장님, 부르셨습니까?
　　남자 : 오늘 아침 회의 내용을 중심으로 서비스 개선 방안에 대한 보고서를 좀 작성해 줬으면 좋겠는데요.
　　여자 : 네, 알겠습니다. 그런데 보고서에 소비자 설문 조사 내용이 들어가면 좋을 것 같은데, 참고할 만한 자료가 있을까요?

남자 : 지난달에 박 대리가 조사한 자료가 있으니까 그걸 받아서 한번 보세요. 제출은 다음 주 금요일까지입니다.

여자 : 네. 바로 연락해 보겠습니다.

7. 女：課長、お呼びですか?
　　男：今朝の会議の内容を中心に、サービス改善の方法についての報告書を作成してください。
　　女：はい、分かりました。ところで、報告書に消費者アンケートの内容が入るといいと思うのですが、参考となる資料はあるでしょうか?
　　男：先月、パク代理が調査した資料があるので、それをもらって一度見てください。提出は来週金曜までです。
　　女：はい。すぐに連絡してみます。

① アンケートを取りに行く。
② 作成した報告書を提出する。
③ パク代理に資料をくれと言う。
④ パク代理とサービス改善方法についての会議をする。

※[8~9] 다음 대화를 잘 듣고 내용과 일치하는 것을 고르십시오.

8. ① 동화 작가 사인회는 2시에 시작한다.
   ② 작가의 사인을 받으려면 책을 사야 한다.
   ③ 사인회에서 책에 대한 작가의 설명을 들을 수 있다.
   ④ 오늘 하루 동안 3층 어린이 책 코너에는 들어갈 수 없다.

問題パターン
館内アナウンスの内容を把握する問題

内容把握
イベントが行われる場所はソウル図書館3階児童書コーナーである。イベントでは童話作家チェ・ウジンさんのサイン会が行われ、作家の話を聞くことができ、一緒に写真を撮ることができると述べている。時間は午後1時から2時間であると述べているので①は誤答である。また、イベント中は児童書コーナーに入ることができないと述べているので、④は誤答である。

キーセンテンス
동화 작가 최우진 씨의 사인회로, 책에 관한 이야기도 직접 듣고 함께 사진도 찍을 수 있습니다.

✓ 正解 ③

[8~9] 다음 대화를 잘 듣고 내용과 일치하는 것을 고르십시오.
8. 여자 : 저희 서울도서관을 찾아 주신 여러분께 안내 말씀 드립니다. 오늘 오후 1시부터 도서관 3층 어린이 책 코너에서 특별 행사가 2시간 동안 진행될 예정입니다. 동화 작가 최우진 씨의 사인회로, 책에 관한 이야기도 직접 듣고 함께 사진도 찍을 수 있습니다. 행사 중에는 어린이 책 코너를 이용하실 수 없습니다. 감사합니다.

[8~9] 次の会話をよく聞いて、内容と一致するものを選びなさい。
8. 女：当ソウル図書館を訪れた皆さまにご案内申し上げます。今日午後1時から図書館3階児童書コーナーで特別イベントが2時間にわたり行われる予定です。童話作家チェ・ウジンさんのサイン会で、本に関する話もじかに聞けて、一緒に写真も撮れます。イベント中は児童書コーナーをご利用いただけません。ありがとうございます。

① 童話作家のサイン会は2時に始まる。
② 作家のサインをもらうには本を買わなければならない。
③ サイン会で本に関する作家の説明を聞ける。
④ 今日一日中3階児童書コーナーには入れない。

9. ① 남자는 아침 식사 메뉴를 잘 모르고 있다.
　　② 아침 식사는 여행 상품에 포함되어 있지 않다.
　　③ 식사 메뉴를 선택하려면 홈페이지를 보면 된다.
　　④ 여자는 바로 호텔에 연락해서 메뉴를 확인할 것이다.

問題パターン
電話の問い合わせの内容を把握する問題

内容把握
旅行商品について、女性が旅行会社に電話で問い合わせをしている。旅行期間は2泊3日で、旅行場所は釜山である。旅行会社の職員である男性が朝食付きであると述べているため、②は誤答である。女性は肉を食べられないので、朝食のメニューを事前に問い合わせている。男性は女性の質問について、ホテルに直接確認した後で再度女性に連絡すると答えているため、③と④は誤答である。またこの対応から、男性は朝食のメニューについて詳しいことはよく知らないことが分かる。

キーセンテンス
그건 호텔에 확인해 봐야 자세히 알 수 있을 것 같은데요.

正解 ①

9. 여자 : 여보세요? 거기 서울여행사지요? 홈페이지에서 2박 3일 부산 패키지 여행 상품을 보고 전화 드렸는데요. 여기 아침 식사가 포함되나요?
　　남자 : 네, 손님. 포함되어 있습니다.
　　여자 : 제가 고기를 안 먹어서 그러는데 아침 식사 메뉴를 미리 좀 알 수 있을까요?
　　남자 : 아, 그건 호텔에 확인해 봐야 자세히 알 수 있을 것 같은데요. 확인한 후 바로 연락 드리겠습니다. 연락처 하나 남겨 주시겠습니까?

9. 女：もしもし? そちらはソウル旅行社ですよね? ホームページで2泊3日の釜山パック旅行の商品を見て電話したんですが。これは朝食が含まれますか?
   男：はい、お客さま。含まれています。
   女：私は肉を食べられないんですが、朝食のメニューを事前に知ることができるでしょうか?
   男：あ、それはホテルに確認しないと詳しくは分かりません。確認したらすぐに連絡いたします。連絡先を一つお教えいただけますか?

   ① 男は朝食のメニューを知らずにいる。
   ② 朝食は旅行商品に含まれていない。
   ③ 食事のメニューを選ぶにはホームページを見ればいい。
   ④ 女はすぐホテルに連絡してメニューを確認するだろう。

※ [10~11] 다음을 듣고 남자의 중심 생각을 고르십시오.

10. ① 로봇 청소기는 사용이 복잡하고 불편하다.
    ② 깨끗하게 청소하려면 로봇 청소기가 필요하다.
    ③ 바쁜 사람들에게는 로봇 청소기가 도움이 된다.
    ④ 비싼 청소기를 사는 것보다 직접 청소하는 게 낫다.

問題パターン
男性の発言の主旨を選ぶ問題

内容把握
男性はロボット掃除機は忙しい人にとって必需品だという主張をしており、ロボット掃除機の購入に肯定的な立場を取っている。一方女性は、ロボット掃除機は価格が高く、使用法が複雑そうだと主張しており、ロボット掃除機の購入に否定的な立場を取っている。これらの内容から、忙しくて家事をする時間がない人にとって、ロボット掃除機は必需品だというのが男性の発言の主旨であることが分かる。

キーセンテンス
저처럼 바빠서 집안일 할 시간이 부족한 사람들한테는 필요한 물건이라고 생각해요.

✔ 正解 ③

[10~11] 다음을 듣고 남자의 중심 생각을 고르십시오.
10. 남자 : 저도 로봇 청소기를 하나 살까 하는데요. 혹시 써 보셨어요?
    여자 : 아직 써 보지는 않았는데 과연 사람이 하는 것만큼 청소가 깨끗하게 될까요? 가격도 좀 부담되고 사용하기도 복잡할 것 같은데요.
    남자 : 그렇기는 하지만 저처럼 바빠서 집안일 할 시간이 부족한 사람들한테는 필요한 물건이라고 생각해요. 적어도 청소는 직접 안 해도 되니까요.

[10~11] 次を聞いて、男性の発言の主旨を選びなさい。
10. 男 : 私もロボット掃除機を一つ買おうかと思うんですけど。使ったことってありますか?
    女 : まだ使ったことはないですが、果たして人がやるときほどきれいに掃除できるでしょうか? 値段もちょっと負担になりますし、使うのも複雑そうです。
    男 : それはそうだけど、私のように忙しくて家事をする時間が足りない人には必要な物だと思います。少なくとも、掃除は自分でしなくてもいいですから。

① ロボット掃除機は使用が複雑で不便だ。
② きれいに掃除するにはロボット掃除機が必要だ。
③ 忙しい人にはロボット掃除機が役立つ。
④ 値段の高い掃除機を買うより、自分で掃除する方がましだ。

11. ① 창문을 열어 놓으면 감기를 예방할 수 있다.
    ② 실내 온도가 너무 높으면 감기에 걸리기 쉽다.
    ③ 감기는 방 안의 온도 차이가 클수록 잘 걸린다.
    ④ 감기에 걸리지 않으려면 몸을 따뜻하게 해야 한다.

問題パターン
男性の発言の主旨を選ぶ問題

内容把握
男性は冬の室内温度が高いと体に悪いという意見をまず述べ、これを裏付ける論理的根拠として、温度があまりに高いと空気が乾燥して息をするのが苦しくなり、鼻風邪や喉風邪にかかりやすくなると述べている。従って、室内の温度があまりに高いと風邪にかかりやすくなるというのが男性の発言の主旨である。

キーセンテンス
겨울에 실내 온도가 너무 높으면 오히려 건강에 더 안 좋다고 하더라고.

正解 ②

11. 여자 : 거실이 좀 춥네. 히터 좀 켤까? 감기 걸리겠어.
    남자 : 아까 창문을 좀 열어 놓아서 그런가 봐. 겨울에 실내 온도가 너무 높으면 오히려 건강에 더 안 좋다고 하더라고.
    여자 : 실내에서 따뜻하게 있는 게 몸에 더 안 좋다고?
    남자 : 응. 방 안의 온도가 너무 높으면 공기가 건조해져서 숨쉬기가 힘들어지거든. 그래서 코감기나 목감기에 더 걸리기 쉽대. 그러니까 히터 켜는 대신에 옷을 좀 더 입는 게 어때?

11. 女：リビングがちょっと寒いね。ヒーターつけようか？　風邪ひきそう。

男：さっき窓を開けておいたからだと思う。冬に室内温度があまりにも高いとむしろ健康に悪いんだって。
女：室内で温かくするのが体により悪いって?
男：うん。部屋の中の温度があまりにも高いと空気が乾燥して息するのがつらくなるんだ。それで、鼻風邪や喉風邪をひきやすくなるって。だから、ヒーターをつける代わりにもっと服を着るのはどう?

① 窓を開けておくと風邪を予防できる。
② 室内温度があまりにも高いと風邪をひきやすい。
③ 風邪は部屋の中の温度差が大きいほどひきやすい。
④ 風邪をひかないためには体を温かくしなければならない。

単語と表現　冷暖房器具に関する表現

1) 冷暖房器具の名称
　히터 (heater)：ヒーターまたはエアコンの暖房機能
　난로 (暖炉)：ストーブ
　에어컨 (air con[ditioner])：クーラー
　선풍기 (扇風機)：扇風機
　※韓国では日本のエアコンのように冷・暖房兼用機はあまり使われていない。また、에어컨はクーラーを示すため방 안이 추워서 에어컨을 켰다 (部屋が寒くてエアコンをつけた) のような言い方はあまりしない。

2) 「(機器を) つける」
　켜다：「スイッチオン」の意味。
　　例) 에어컨을 켜다 / 히터를 켜다 / 텔레비전을 켜다
　틀다：「稼動させる」の意味。照明など動力のない装置には使わない。
　　例) 에어컨을 틀다 / 히터를 틀다 / 텔레비전을 틀다
　※전등을 켜다(○) 전등을 틀다(✗)

※ [12~13] 다음을 듣고 물음에 답하십시오.

12. 여자의 중심 생각으로 맞는 것을 고르십시오.

① 돌고래들을 바다에 풀어 주고 나서도 잘 보호해야 한다.

② 돌고래들을 자연으로 돌려보내는 것에 아무 문제가 없다.

③ 돌고래들을 충분히 훈련시켜야 걱정 없이 공연할 수 있다.

④ 돌고래들의 생존 가능성은 풀어 주는 시기에 따라 다르다.

📖 内容把握

イルカを自然に帰すことについて、男性と女性がお互いに自分の考えを話している。男性はイルカを放してやることになったという知らせを聞き、そのことを女性に伝えている。女性はその知らせについて**정말 잘됐네요**と喜び、イルカが閉じ込められているのがかわいそうだったと自分の考えを述べている。男性の**그건 그렇지만**という発言から、女性の意見は一理あると考えていることが分かるが、イルカを放してやると自然に適応できないなどの否定的な結果を伴い得ると述べている。女性はそれに対し、既に成功した前例があると話し、イルカがきちんと生きていけるだろうと期待を示している。

🔄 問題パターン

女性の発言の主旨を選ぶ問題

ℹ️ 問題説明

女性は、イルカを放してやることは良いことで、問題ないという考えを持っている。

🔑 キーセンテンス

이번에도 충분히 훈련시키고 바다로 보낼 테니까 잘 살 수 있을 거예요.

✅ 正解　②

13. 들은 내용으로 맞는 것을 고르십시오.
   ① 여자는 돌고래를 바다에 풀어 주는 것을 보고 왔다.
   ② 자연으로 돌아간 동물들이 적응에 성공한 적이 없다.
   ③ 2년 전에 바다에 풀어 준 돌고래들을 수족관에 다시 데려왔다.
   ④ 남자는 풀어 준 돌고래들이 적응에 실패할까 봐 걱정하고 있다.

問題パターン
内容を詳細に把握する問題

問題説明
男性の最初の発言の**바다에 풀어 줄 거래요**から、この会話は男性が聞いた内容を土台に展開しており、女性が見聞きしたことについては言及していないため、①は誤答である。また、女性の二つ目の発言に、2年前に海に放してやったイルカが自然に適応したという内容があるため、②と③は誤答である。
男性の二つ目の発言の**성공적으로 생존할 수 있을까요?と죽는 일도 많다던데……**から、男性はイルカが自然に適応できないのではないかと心配していると推測できる。

キーセンテンス
수족관에서만 살던 돌고래가 바다에 가서도 성공적으로 생존할 수 있을까요?

✔ 正解 ④

[12-13] 다음을 듣고 물음에 답하십시오.
   남자: 들었어요? 서울에서 돌고래 쇼를 하던 돌고래들을 이제 다 바다에 풀어 줄 거래요.
   여자: 정말 잘됐네요. 항상 좁은 수족관에 갇혀 있는 데다 사람들 앞에서 공연까지 해야 하는 돌고래들이 불쌍하다고 생각했거든요.
   남자: 그건 그렇지만 수족관에서만 살던 돌고래가 바다에 가서도 성공적으로 생존할 수 있을까요? 자연으로 돌아간 동물들이 잘 살지 못하고 죽는 일도 많다던데…….
   여자: 2년 전에 풀어 줬던 다른 돌고래들이 잘 적응했다는 뉴스도 있었잖아요. 이번에도 충분히 훈련시키고 바다로 보낼 테니까 잘 살 수 있을 거예요.

[12-13] 次を聞いて、質問に答えなさい。
   男: 聞きましたか? ソウルでイルカショーをしていたイルカを全部海に放すそうです。
   女: 本当によかったです。いつも狭い水族館に閉じ込められている上に、人前で公演までしなければならないイルカたちがかわいそうだと思っていたんです。

男：それはそうだけど、水族館でずっと生きてきたイルカが海に行ってもちゃんと生存できるでしょうか？ 自然に戻った動物がうまく生きられず死ぬことも多いそうですが……。
女：2年前に放した他のイルカたちがうまく適応したというニュースもあったじゃないですか。今回も十分に訓練して海に放すでしょうから、うまく生きられるでしょう。

12. 女性の発言の主旨として適切なものを選びなさい。
① イルカたちを海に放してからもちゃんと保護しなければならない。
② イルカたちを自然に帰すことに何の問題もない。
③ イルカたちを十分に訓練してこそ心配なく公演できる。
④ イルカたちの生存可能性は、放してやる時期によって異なる。

13. 聞いた内容として適切なものを選びなさい。
①女性はイルカを海に放すのを見てきた。
②自然に帰った動物たちが適応に成功したことはない。
③2年前に海に放したイルカたちを水族館にまた連れてきた。
④男性は放したイルカたちが適応に失敗するのではないかと心配している。

※ [14~15] 다음을 듣고 물음에 답하십시오.

> 14. 여자는 무엇을 하고 있는지 고르십시오.
> ① '한국인터넷'에 사용 중단을 요구하고 있다.
> ② '한국인터넷'에 문제점 개선을 제안하고 있다.
> ③ '한국인터넷'의 수리 시스템을 평가하고 있다.
> ④ '한국인터넷'에 설치 예약 변경을 요청하고 있다.

内容把握

インターネットサービス会社の職員である男性と顧客である女性が、インターネット回線開通作業の予約の変更について話している。女性はインターネットサービス会社に電話して、開通作業をする作業員が連絡もないまま来なかったためその日に予定されている訪問を取り消して予約を変更することを求めている。男性はそれに対して、問い合わせ内容を作業員に伝えると約束し、予約変更の日付を聞いている。

問題パターン

女性が最終的に何をしようとしているのかを選ぶ問題

問題説明

女性が、作業員が約束した訪問時間に来ないことについて苦情を言い、訪問を取り消して再度予約をしてくれるよう話していることから、開通作業の予約変更がなされるだろうと予測できる。
会話の最後の部分から、次の予約はいつがよいかと男性が聞いており、女性が翌日の同じ時間帯で予約してくれるように話をしているので、女性は最終的にインターネット回線開通作業の予約の変更を求めたことが分かる。

キーセンテンス

더 이상은 못 기다릴 것 같으니까 오늘 방문은 취소하고 다시 예약해 주세요.

正解 ④

15. 들은 내용으로 맞는 것을 고르십시오.
    ① 여자는 '한국인터넷'으로부터 전화를 받았다.
    ② 여자는 기사로부터 아무 연락도 받지 못했다.
    ③ 기사는 오늘 다섯 시 반까지 오기로 되어 있었다.
    ④ 기사는 인터넷을 수리하느라고 예약 시간에 늦었다.

問題パターン
内容を詳細に把握する問題

問題説明
男性が会話を始めるときにネと言い、電話を受ける人が使う表現を使用している点や、用件を話している人が女性であるという点から、女性が電話をかけたことが分かるので、①は誤答である。また、女性の最初の発言から、作業員が来るとした時間は4時であり、5時半は現在の時間であることが分かるので、③は誤答である。さらに、この作業員が遅れた理由を話す部分で、男性が오늘 설치 예약이 많아서と推測しており、インターネット回線の修理のために遅れたとはここでは述べていないので、④は誤答である。
作業員が訪問時間を守らなかったと女性が苦情を言う際に연락도 없이 안 오세요と話していることから、女性が作業員から何の連絡も受けていないことが分かる。

キーセンテンス
벌써 5시 반인데 연락도 없이 안 오세요.

✔ 正解　②

[14~15] 다음을 듣고 물음에 답하십시오.
남자 : 네, '한국인터넷'입니다. 무엇을 도와 드릴까요?
여자 : 저, 오늘 기사님이 4시까지 오셔서 인터넷을 설치해 주시기로 했는데요. 벌써 5시 반인데 연락도 없이 안 오세요. 더 이상은 못 기다릴 것 같으니까 오늘 방문은 취소하고 다시 예약해 주세요.
남자 : 아, 정말 죄송합니다. 오늘 설치 예약이 많아서 그런 것 같습니다. 제가 기사에게 연락을 해서 전달하겠습니다. 다음 예약은 언제로 해 드릴까요?
여자 : 내일 같은 시간으로 다시 예약해 주세요.

[14~15] 次を聞いて、質問に答えなさい。
男 : はい、「韓国インターネット」です。どのようなご用件でしょうか？

女：あの、今日作業の方が4時までにいらっしゃってインターネットを設置してくださることにしたんですが。もう5時半なのに連絡もないままいらっしゃいません。これ以上は待てないので、今日の訪問はキャンセルして再度予約してください。
男：あ、誠に申し訳ありません。本日、設置の予約が多いせいだと思います。私が作業の者に連絡をして伝えます。次の予約はいつにしましょうか？
女：明日の同じ時間で再度予約してください。

14. 女性が何をしているのか選びなさい。
   ① 「韓国インターネット」に使用中断を要求している。
   ② 「韓国インターネット」に問題点改善を提案している。
   ③ 「韓国インターネット」の修理システムを評価している。
   ④ 「韓国インターネット」に設置予約変更を要請している。

15. 聞いた内容として適切なものを選びなさい。
   ① 女性は「韓国インターネット」から電話を受けた。
   ② 女性は作業員から何の連絡ももらえなかった。
   ③ 作業員は今日5時半までに来ることになっていた。
   ④ 作業員はインターネットを修理していて予約の時間に遅れた。

単語と表現 -(으)ㄹ 것 같-と-겠-

話し手に関する事柄に用いられる-(으)ㄹ 것 같-は、推測や婉曲な態度を表す。推測なのか婉曲なのかは文脈によって判断され、「仮に~すれば」や未来の事柄を表す文脈では推測を表すことになる。また、婉曲な言い切りとして-(으)ㄹ 것 같-を用いる場合、代わりに-겠-を用いることができる。

1) 推測 (~すると思う)
例) (라면과 스파게티 가운데 고른다면) 저는 라면을 고를 것 같아요.
   (ラーメンとスパゲティで選ぶなら) 私はラーメンを選ぶと思います。
例) 내일은 (제가) 좀 바쁠 것 같아요. 모레는 어때요?
   明日は (私が) 少し忙しくなると思います。明後日はどうですか。

2) 婉曲な言い切り
例) 더 이상은 못 기다릴 것 같아요=더 이상은 못 기다리겠어요.
   これ以上は待てません。
例) 배가 불러서 더 이상 못 먹을 것 같아요=더 이상 못 먹겠어요.
   おなかがいっぱいなのでこれ以上は食べられません。

※ [16~17] 다음을 듣고 물음에 답하십시오.

> 16. 여자가 남자에게 말하는 의도를 고르십시오.
>   ① 자율 출근제의 장점을 강조하기 위해
>   ② 자율 출근제의 개념을 설명하기 위해
>   ③ 자율 출근제의 시행을 제안하기 위해
>   ④ 자율 출근제의 목표를 제시하기 위해

📖 内容把握

出退勤の時間が自由な **자율 출근제**（フレックスタイム制）についての会社員の会話である。女性の会社は既にフレックスタイム制を実施している。男性は、フレックスタイム制を実施する場合業務に支障があるのではないかと憂慮しながら女性に質問をしている。女性はそれに対し、会議の時間を決めているから問題がないと答えている。フレックスタイム制の導入後良くなった点を述べ、職員たちの満足度が高いことからフレックスタイム制を肯定的に評価している。

🔄 問題パターン

女性の話の意図を選ぶ問題

ℹ️ 問題説明

女性は最初の発言の時点で、いまだに男性の会社がフレックスタイム制を施行していないことに対しておかしいと述べ、フレックスタイム制について肯定的な立場であることを明らかにしている。女性は、会議の時間を決めていれば問題ないという根拠を挙げて男性の憂慮が解決可能であることを説明し、自分の立場をより明確にしている。さらに、通勤が楽で時間のゆとりができ、ストレスが減るので、職員たちの満足度が高いという内容を付け加えながら、フレックスタイム制について自分が肯定的に考えていることを述べている。従って、女性にはフレックスタイム制の良い点を男性に教える意図があることが分かる。

🔑 キーセンテンス

직원들 사이에서 만족도가 아주 높아.

✔ **正解** ①

模擬試験 1 解説　聞き取り

17. 들은 내용으로 맞는 것을 고르십시오.
① 여자의 회사는 다음 달부터 출퇴근 시간을 늦춘다.
② 남자의 회사는 아직 자율 출근제를 시행하지 않고 있다.
③ 여자의 회사에서는 일주일에 세 번 같은 시간에 출근한다.
④ 남자의 회사에서는 자율 출근제에 대한 만족도가 별로 높지 않다.

問題パターン
内容を詳細に把握する問題

問題説明
女性の会社が既にフレックスタイム制を実施しているということは分かるが、来月から出退勤の時間が遅くなるという内容は述べられていないため、①は誤答である。また女性の発言に、1週間に3回会議の時間が決まっているという言及はあるが、同じ時間に出勤するとは述べられていないため③は誤答である。さらに、男性の会社はまだフレックスタイム制を実施していないので、男性の会社での満足度については述べられていない。従って④は誤答である。
女性の質問に対し、男性が안 그래도 다음 달부터 시작한대と答えていることから、男性の会社はフレックスタイム制をまだ実施していないことが分かる。

キーセンテンス
너희 회사는 아직 '자율 출근제' 안 하고 있지? — 아, 안 그래도 다음 달부터 시작한대.

✔ 正解 ②

[16~17] 다음을 듣고 물음에 답하십시오.
여자: 준호야, 너희 회사는 아직 '자율 출근제' 안 하고 있지? 요즘 우리 분야에서는 거의 다 하던데 참 이상하다.
남자: 아, 안 그래도 다음 달부터 시작한대. 그런데 출퇴근 시간이 자유로워지는 건 좋은데 직원들이 제각각 출퇴근을 하면 업무가 제대로 될까?
여자: 나도 처음엔 그렇게 생각해서 걱정했는데 일주일에 세 번 회의 시간을 정해 놓고 그 시간은 꼭 지키게 하니까 별로 문제가 없더라고.
남자: 아, 그런 방법이 있구나.
여자: 자율 출근제 시행하고 나서 출퇴근길도 편하고 여가 시간도 생겨서 스트레스를 덜 받게 되는 것 같아. 직원들 사이에서 만족도가 아주 높아.

[16~17] 次を聞いて、質問に答えなさい。
女：ジュノ、あなたの会社はまだ「フレックスタイム制」をやってないよね？ 最近、私たちの分野ではほとんどやっているのに本当に変よ。
男：ああ、ちょうど来月から始めるって。でも、出退勤の時間が自由になるのはいいけど、職員が思い思いに出退勤したら仕事がうまくいくかな？
女：私も最初はそう思って心配したけど、1週間に3回、会議の時間を決めておいてその時間は必ず守ることにしたら、別に問題がないのよね。
男：ああ、そんな方法があるんだ。
女：フレックスタイム制を施行してから、職場への行き帰りも楽で空き時間もできたから、ストレスが減ったように思う。社員の間で満足度がすごく高いわ。

16. 女性が男性に話している意図を選びなさい。
① フレックスタイム制の長所を強調するため
② フレックスタイム制の概念を説明するため
③ フレックスタイム制の施行を提案するため
④ フレックスタイム制の目標を提示するため

17. 聞いた内容として適切なものを選びなさい。
① 女性の会社は来月から出退勤の時間を遅らせる。
② 男性の会社はまだフレックスタイム制を施行していない。
③ 女性の会社では1週間に3回、同じ時間に出勤する。
④ 男性の会社ではフレックスタイム制に対する満足度があまり高くない。

※ [18~19] 다음은 인터뷰입니다. 잘 듣고 물음에 답하십시오.

18. 남자는 누구인지 고르십시오.
   ① 가수
   ② 요리사
   ③ 신문 기자
   ④ 음식 사업가

📖 内容把握

料理に関する本を出版した歌手へのインタビューで、歌手である男性が料理と自然に接するようになったきっかけについて女性が質問している。男性は母が食堂を営んでいたので料理に関心を持つようになった。母の料理法に自分のオリジナリティーを付け加えて新しい料理法を構想するようになり、それを記録として残したかったので本を出版することになったと述べている。女性の**노래만 잘하시는 줄 알았더니**という発言と、男性の**노래는 좀 하는데 글 쓰는 재주는 없거든요**という発言から、男性の職業が歌手であることがうかがえ、また作家である可能性は低いと考えられる。さらに、本を出版するのを手伝ってくれた人は新聞記者である妻だと明かしている。

🔁 問題パターン

インタビューを聞き、情報を把握する問題

ℹ️ 問題説明

男性の職業を選ぶ問題である。インタビュアーの最初の質問の**노래만 잘하시는 줄 알았더니**という発言から、歌を歌うのが職業だと推測できる。後半の**노래는 좀 하는데**という男性の発言から、元々の職業は歌手であることを再確認することができる。また、料理に関する本を出版するにはしたが、それが単なる興味の延長だということが分かる。歌手であるので文章を書く能力が足りず、新聞記者である妻が助けてくれたことを明らかにしている。

🔑 キーセンテンス

노래만 잘하시는 줄 알았더니 요리 실력도 대단하신가 봐요.

✔ 正解   ①

19. 들은 내용과 일치하는 것을 고르십시오.
① 남자는 글을 쓰는 데 뛰어난 능력이 있다.
② 남자는 어머니가 하시던 식당을 운영하고 있다.
③ 남자와 남자의 아내는 서로 다른 분야에서 일한다.
④ 남자는 어머니에게 배운 요리 방법을 책으로 펴냈다.

問題パターン
内容を詳細に把握する問題

問題説明
글을 쓰는 재주는 없거든요という男性の発言から、①は誤答であると考えられる。また、아주 어렸을 때부터 어머니가 식당을 하셔서という理由により料理について自然に関心を持つようになったが、そのまま家業を継いでいるわけではないため、②は誤答である。さらに、母の料理方法に自分のオリジナリティーを付け加えた自分だけの料理方法を本として出したと述べているので、④は誤答である。
男性の職業は歌手、妻の職業は新聞記者であり、お互い異なる分野で仕事をしている。

キーセンテンス
책을 쓸 때는 신문 기자인 제 아내가 많이 도와줬습니다.

✓ 正解 ③

[18~19] 다음은 인터뷰입니다. 잘 듣고 물음에 답하십시오.
여자 : 김상훈 씨, 노래만 잘하시는 줄 알았더니 요리 실력도 대단하신가 봐요. 어떻게 요리에 관한 책을 쓰게 되셨어요?
남자 : 제가 아주 어렸을 때부터 어머니가 식당을 하셔서 음식을 접할 기회가 많았습니다. 제가 이십 대 후반에 독립할 때까지 거의 25년을 식당에서 자란 거나 마찬가지죠. 그래서 그런지 자연스럽게 요리에 관심을 가지게 되었죠. 처음에는 어머니께서 하시던 대로 요리를 했는데 나중에는 재료를 바꿔 넣어 가며 저만의 스타일을 만들었어요. 그러니까 재미있고 맛도 더 있더라고요. 그러다 보니 제 요리 방법을 기록으로 남기고 싶다는 욕심이 생겨서 책까지 내게 되었습니다. 그런데 제가 노래는 좀 하는데 글 쓰는 재주는 없거든요. 그래서 책을 쓸 때는 신문 기자인 제 아내가 많이 도와줬습니다.

[18~19] 次はインタビューです。よく聞いて、質問に答えなさい。

女:キム・サンフンさん、お上手なのは歌だけかと思いましたが、料理の実力もすごいようですね。どのようにして料理に関する本を書くことになったんですか?
男:私がとても幼い頃から母が食堂をやっていて、料理に接する機会がたくさんありました。私が20代後半に独立するまで、ほぼ25年間、食堂で育ったも同然です。そのせいか、自然と料理に関心を持つようになりました。最初は母がやっていた通りに料理をしましたが、後に材料を入れ替えていき、私だけのスタイルを作りました。そうしたら面白くて、味ももっと良くなったんですよ。そうするうちに、私の料理方法を記録に残したいという欲求が生まれて、本まで出すことになりました。でも、私は、歌は少し覚えがありますが文章を書く才能はないんです。そのため、本を書く時は新聞記者である私の妻がたくさん手伝ってくれました。

18. 男性が誰なのか選びなさい。
① 歌手
② 料理人
③ 新聞記者
④ 飲食事業家

19. 聞いた内容と一致するものを選びなさい。
① 男は文章を書くのに優れた能力がある。
② 男は母がしていた食堂を運営している。
③ 男と男の妻は互いに違う分野で働いている。
④ 男は母に習った調理方法を本として発行した。

単語と表現1　~을/를 좀 하다 (わりと~ができる)

例) 노래는 좀 하는데 글 쓰는 재주는 없어요.
　　歌は少し覚えがありますが、文章を書く才能はありません。
例) 그 사람은 운동은 잘 못하는데 춤은 좀 춰요.
　　彼は、運動は不得意ですが、ダンスはわりと得意です。

単語と表現2　同格表現 ~인

例) 신문 기자인 아내가 많이 도와줬습니다.
　　新聞記者の妻がたくさん手伝ってくれました。
　※上記の韓国語からは「妻が新聞記者である」ことが分かる。日本語の「新聞記者の妻」は、妻が新聞記者であるという意味と、新聞記者と結婚した人(奥さん)という意味のいずれも表せるが、韓国語では別の表現を用いなければならないので、注意が必要である。
例) 신문 기자의 아내가 많이 도와줬습니다.
　　新聞記者の奥さんがよく手伝ってくれました。

※[20~21] 다음은 강연입니다. 잘 듣고 물음에 답하십시오.

20. 무엇에 대한 내용인지 맞는 것을 고르십시오.
   ① 사물인터넷의 개념
   ② 사물인터넷의 중요성
   ③ 사물인터넷의 필요성
   ④ 사물인터넷의 사용 방법

📖 内容把握

講演で、**사물인터넷**（モノのインターネット、IoT）という新しい概念を整理してその例を挙げて紹介している。

・モノのインターネットの定義：モノ同士がインターネットで情報を共有すること。
・モノのインターネットの特徴：人の助けなしにモノが自動的に情報を共有する。
・モノのインターネットの例：通勤路の渋滞ニュースの伝達 → スマートフォンのアラーム時間の自動変更 → 照明の一斉点灯 → 自動で湯沸かし
・モノのインターネットの見通し：映画の中の非現実的な話ではなく、じきに現実化がかなう見通し。

🔄 問題パターン

講演を聞き、情報を把握する問題

ℹ️ 問題説明

講演を聞き、何に関する内容であるかを選ぶ問題である。講演では、モノのインターネットという新しい概念を紹介し、聞き手の理解を助けるためにその例を詳しく説明していることが分かる。

🔑 キーセンテンス

사물인터넷이란 우리가 일상적으로 쓰는 물건들이 인터넷으로 연결되어 사람의 도움 없이 서로 정보를 주고받는 것을 뜻합니다.

✅ **正解** ①

21. 들은 내용으로 맞는 것을 고르십시오.
① 사물인터넷을 통해 개개인의 일상이 연결된다.
② 사물인터넷의 현실화는 이제 머지않은 일이다.
③ 사물인터넷을 소재로 한 영화가 늘어나고 있다.
④ 사물인터넷을 통해 여러 가전제품을 구매할 수 있다.

問題パターン
講演の内容を詳細に把握する問題

問題説明
モノのインターネットを通じて、物同士が互いに情報を共有するという内容の講演であった。個々人の日常が連結されるのではないため、①は誤答である。モノのインターネットは映画の中の非現実的な話ではなく、すぐに広く使われるようになる見通しであると述べられているので、②が正解であると分かる。企業がモノのインターネットを利用した商品に投資をたくさん行っているという内容はあるが、家電製品の購入と関連した内容は出ていないため、④は誤答である。

キーセンテンス
이렇게 영화에서나 나올 법한 일이 현실에서도 곧 이뤄질 전망이라고 합니다.

正解 ②

[20~21] 다음은 강연입니다. 잘 듣고 물음에 답하십시오.
남자 : 여러분은 '사물인터넷'이라는 말을 들어 보셨나요? 최근 기업들이 사물인터넷을 활용한 상품 개발에 활발하게 투자를 하고 있다는데요. 과연 이 사물인터넷이 무엇일까요? 사물인터넷이란 우리가 일상적으로 쓰는 물건들이 인터넷으로 연결되어 사람의 도움 없이 서로 정보를 주고받는 것을 뜻합니다. 예를 들어 보겠습니다. 출근길 도로가 심하게 막히는 날 아침, 스마트폰은 인터넷 뉴스에서 이 소식을 듣고 주인을 깨우기 위해 알람을 평소보다 더 일찍 울립니다. 알람과 함께 집 안의 모든 불이 밝게 켜지고 부엌에서는 저절로 물이 끓습니다. 이렇게 영화에서나 나올 법한 일이 현실에서도 곧 이뤄질 전망이라고 합니다. 앞으로는 주변에서 쉽게 볼 수 있는 사물들이 인터넷으로 연결되어 서로 정보를 주고받는 사물인터넷 시대가 찾아올 것입니다.

[20~21] 次は講演です。よく聞いて、質問に答えなさい。
男 : 皆さんは「モノのインターネット」という言葉を聞いたことがありますか？ 最近、企業がモノの

インターネットを活用した商品開発に活発に投資をしているそうですが。果たして、このモノのインターネットとは何でしょうか？　モノのインターネットとは、私たちが日常的に使う物がインターネットによってつながって、人の助けなく互いに情報をやりとりすることを意味します。例を挙げてみましょう。職場へ向かう道路がひどく渋滞している日の朝、スマートフォンはインターネットのニュースからこの話を聞き、持ち主を起こすためにアラームを普段より早く鳴らします。アラームとともに家の中の全ての明かりがつき、台所ではひとりでにお湯が沸きます。このように、映画で出てくるようなことが現実でももうすぐ実現する見込みだそうです。これからは、周りでよく目にする物がインターネットにつながって互いに情報をやりとりするモノのインターネット時代がやってくるでしょう。

20. 何についての内容なのか、適切なものを選びなさい。
   ① モノのインターネットの概念
   ② モノのインターネットの重要性
   ③ モノのインターネットの必要性
   ④ モノのインターネットの使用方法

21. 聞いた内容として適切なものを選びなさい。
   ① モノのインターネットを通じて個々人の日常がつながる。
   ② モノのインターネットの現実化は、もう遠くない話だ。
   ③ モノのインターネットを素材にした映画が増えている。
   ④ モノのインターネットを通じていろいろな家電製品を買うことができる。

※ [22~23] 다음은 다큐멘터리입니다. 잘 듣고 물음에 답하십시오.

> 22. 매가 시력이 좋은 이유로 맞는 것을 고르십시오.
> ① 눈에 있는 시각 세포의 수가 많기 때문에
> ② 사냥하는 대상의 종류를 가리지 않기 때문에
> ③ 좌우를 동시에 관찰하는 능력이 뛰어나기 때문에
> ④ 생존에 필요한 다른 감각이 발달하지 않았기 때문에

内容把握

生存するための適応能力を動物が備えていることを伝えるドキュメンタリー。ナレーションで、視覚的能力について分類し例示している。まず、動物の種類を肉食動物と草食動物に分け、どのようにして餌を得るかによって発達するものが異なることを明らかにしている。肉食動物は視力が発達し、草食動物は視野が発達している。また、鳥類の中でタカを例に挙げ、視力と視野が同時に発達した理由を明らかにしている。タカの視力が良い理由は視覚細胞が多いためであり、タカの視野が広い理由は正面と左右を見るのに適した位置にあるためであると述べている。

問題パターン

ドキュメンタリーのナレーションを聞き、情報を把握する問題

問題説明

タカは視力がとても良く、視野もとても広いが、ここではタカの視力が良い理由を選ぶ必要がある。タカは人よりも4倍から8倍も遠くを見ることができるが、これは視覚細胞が人よりも5倍多いためであると述べられている。

キーセンテンス

매의 시력이 이렇게 좋은 것은 매의 눈에 있는 시각 세포가 사람보다 5배가량 더 많기 때문입니다.

正解 ①

23. 이 이야기의 중심 내용으로 맞는 것을 고르십시오.
　① 새처럼 다양한 시각에서 목표에 접근해야 한다.
　② 동물 중에서 매가 가장 넓은 시야를 가지고 있다.
　③ 동물의 시력이 좋을수록 생존 가능성이 높아진다.
　④ 생존 방식에 따라 필요한 능력이 다르게 발달된다.

🔁 問題パターン
ドキュメンタリーの主旨を選ぶ問題

ℹ️ 問題説明
何を餌にするかによって動物を肉食動物と草食動物に分類し、肉食動物の場合は正面を見る視力が発達しており草食動物の場合は左右を広く見る視野が発達していることを明らかにしている。タカの場合は、発達した視力と広い視野の両方を備えていると述べている。従って、生存の方法によって必要な能力が異なる形で発達するという内容の選択肢が正解である。

🔑 キーセンテンス
동물들은 자신의 생존에 적합한 능력을 갖추고 있는데요.

✅ **正解** ④

[22~23] 다음은 다큐멘터리입니다. 잘 듣고 물음에 답하십시오.
여자 : 동물들은 자신의 생존에 적합한 능력을 갖추고 있는데요. 특히 시각 능력의 경우는 더 그렇습니다. 예를 들어 사자와 같은 육식 동물은 사냥을 해야 하기 때문에 정면을 보는 시력이 매우 발달해 있습니다. 반면에 토끼와 같은 초식 동물은 시력이 좋지 않은 대신 좌우를 넓게 보는 시야를 가지고 있지요. 그럼 새와 같은 조류는 어떨까요? 새는 앞의 두 동물들이 가진 장점을 모두 갖추고 있는데요. 특히 그중에서 사냥을 가장 잘한다는 매는 사람보다 4배에서 8배까지 멀리 볼 수 있다고 합니다. 매의 시력이 이렇게 좋은 것은 매의 눈에 있는 시각 세포가 사람보다 5배가량 더 많기 때문입니다. 또한 매의 눈은 지금 보시는 것처럼 정면과 좌우를 다 보기에 좋은 위치에 있기 때문에 넓은 영역을 볼 수 있기도 합니다. 다 같은 동물인데 이렇게 다르다는 것, 신기하지 않은가요?

[22~23] 次はドキュメンタリーです。よく聞いて、質問に答えなさい。
女 : 動物は自分の生存に適合した能力を備えています。視覚能力の場合は、特にそうです。例えば、ライオンのような肉食動物は、狩りをしなければならないので正面を見る視力がとても発達し

ています。一方、ウサギのような草食動物は、視力が良くない代わりに左右を広く見る視野を持っています。では、鳥類はどうでしょうか？　鳥は先ほどの二つの動物が持つ長所を全て備えています。特に、中でも狩りが一番上手だというタカは、人より4倍から8倍まで遠くを見ることができるそうです。タカの視力がこんなにいいのは、タカの目にある視覚細胞が人より5倍ほど多いためです。また、タカの目は今ご覧になっているように正面と左右を全て見るのにいい位置にあるため、広い領域を見ることもできます。皆同じ動物なのにこんなに違うということ、不思議ではないですか？

22. タカの視力が良い理由として適切なものを選びなさい。
① 目にある視覚細胞の数が多いため
② 狩りをする対象の種類を選ばないため
③ 左右を同時に観察する能力が優れているため
④ 生存に必要な他の感覚が発達していないため

23. この話の主旨として適切なものを選びなさい。
① 鳥のようにさまざまな視角から目標に接近しなければならない。
② 動物の中で、タカが一番広い視野を持っている。
③ 動物の視力がいいほど、生存可能性が高くなる。
④ 生存方式によって、必要な能力が別々に発達する。

※ [24~25] 다음은 대담입니다. 잘 듣고 물음에 답하십시오.

> 24. 들은 내용과 일치하는 것을 고르십시오.
> ① 체험 학습은 다양한 장소에서 이루어지는 것이 좋다.
> ② 체험 학습이 끝난 후 기록을 남기게 하는 것이 좋다.
> ③ 성공적인 체험 학습을 위해서는 부모의 조언이 중요하다.
> ④ 아이들이 학교에서 체험 학습을 할 기회가 줄어들고 있다.

内容把握

対談で、子どもの体験学習のときに、両親が知っておくべきことについて紹介している。問題点の提起として、両親が体験学習を多くこなすことにのみ関心を抱いていることを挙げている。しかし、多くこなすよりも、どのようにこなすのかがより重要であるとして、正しい体験学習の方法を2種類紹介している。一つ目は、体験学習の準備（場所を決めるなど）を子どもと一緒に行うこと、二つ目は体験学習の日記を書かせることである。

問題パターン

対談の内容を詳細に把握する問題

問題説明

学校の外で体験学習をする事例が増えていると述べられているが、学校での機会が減っているかどうかについては言及がないため、④は誤答である。また、体験学習を単に多くこなすことよりも子どもと一緒に場所を決める過程を経ることが学習の助けになるとは述べられているが、場所の多様性については言及がないため、①は誤答である。体験学習の日記を通しての感想や印象深かった内容を整理する過程が必要だと述べられている。

キーセンテンス

체험을 한 후에는 체험 학습 일기를 쓰게 하는 것도 중요합니다.

✓ 正解 ②

25. 여자의 태도로 가장 알맞은 것을 고르십시오.
① 아이들이 체험 학습에 관심을 갖기를 기대하고 있다.
② 다양한 근거를 들어 체험 학습의 효과를 주장하고 있다.
③ 올바른 체험 학습 방법을 제시하고 중요성을 강조하고 있다.
④ 체험 학습 종류가 부족한 현실에 대해 강하게 비판하고 있다.

問題パターン
テーマについて話者がどのような態度なのかを選ぶ問題

問題説明
単に体験学習を多くこなすことが重要なのではなく、どのような方式で体験学習をすることが子どもにとって効果的なのかを具体的な方法を通して伝えている。

キーセンテンス
체험 학습은 얼마나 하느냐보다 어떻게 하느냐가 더 중요합니다.

✔ 正解 ③

[24~25] 다음은 대담입니다. 잘 듣고 물음에 답하십시오.
남자 : 과거에는 학교에서만 체험 학습을 했지만 요즘에는 부모님과 함께 하는 체험 학습이 많이 이루어지고 있는데요. 선생님, 이렇게 아이와 함께 체험 학습을 할 때 부모님들이 꼭 알아 두어야 할 것이 있을까요?
여자 : 네. 대부분의 부모님들이 아이에게 체험 학습을 많이 시키는 데에만 관심을 가지시는데요. 체험 학습은 얼마나 하느냐보다 어떻게 하느냐가 더 중요합니다. 가장 먼저 기억해야 할 것은 체험 학습 준비를 아이와 함께 해야 한다는 것입니다. 아이의 관심과 장래 희망 등에 대해 깊이 이야기를 나누면서 체험 학습 장소를 함께 정해야 합니다. 그리고 체험을 한 후에는 체험 학습 일기를 쓰게 하는 것도 중요합니다. 체험 학습에 대한 소감이나 인상 깊었던 내용을 정리하게 하는 것이지요. 이와 같은 과정을 거쳐야 아이에게 보다 도움이 되는 체험 학습이 이루어질 수 있습니다.

[24~25] 次は対談です。よく聞いて、質問に答えなさい。
男 : 過去には学校でのみ体験学習をしていましたが、最近は両親と一緒に参加する体験学習がたくさん行われています。先生、このように子どもと一緒に体験学習をするとき、親たちが必ず知っておくべきことがあるでしょうか?
女 : はい。ほとんどの親は子どもに体験学習をたくさんさせることにのみ関心をお持ちなんですが、

体験学習はどれだけやるかより、どのようにやるかの方が重要です。第一に覚えておかなければならないのは、体験学習の準備を子どもと一緒にしなければならないということです。子どもの関心と将来の希望などについて深く話し合いながら、体験学習の場所を一緒に決めなければいけません。そして、体験をした後は体験学習の日記を書かせることも重要です。体験学習についての感想や印象深かった内容を整理させるのです。このような過程を経てこそ、子どもにより役立つ体験学習にすることができます。

24. 聞いた内容と一致するものを選びなさい。
① 体験学習はさまざまな場所で行われるのがよい。
② 体験学習が終わった後、記録を残させるのがよい。
③ 体験学習を成功させるためには両親の助言が重要だ。
④ 子どもたちが学校で体験学習をする機会が減っている。

25. 女性の態度として最も適切なものを選びなさい。
① 子どもたちが体験学習に関心を持つことを期待している。
② さまざまな根拠を挙げて体験学習の効果を主張している。
③ 正しい体験学習の方法を提示して重要性を強調している。
④ 体験学習の種類が不足している現実に対して強く批判している。

書き取り

※[26~27] 다음을 읽고 ㉠과 ㉡에 들어갈 말을 <u>각각 한 문장</u>으로 쓰십시오.

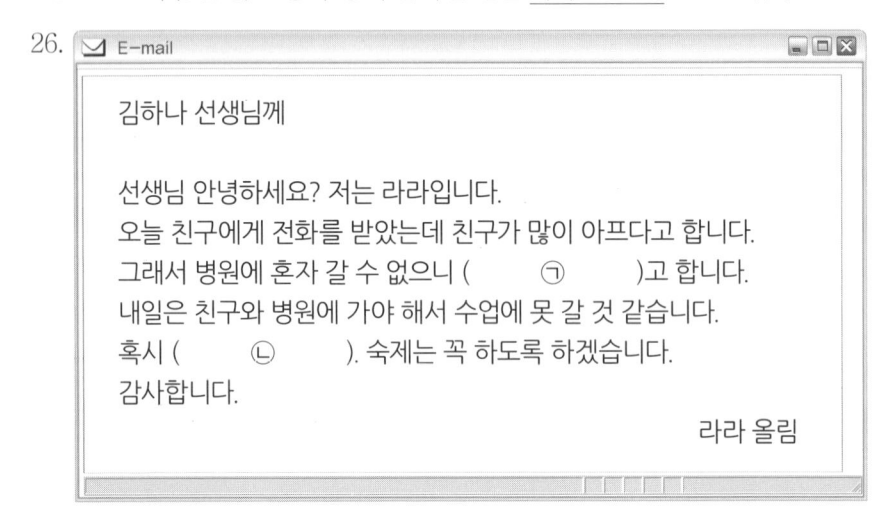

26.
```
E-mail

김하나 선생님께

선생님 안녕하세요? 저는 라라입니다.
오늘 친구에게 전화를 받았는데 친구가 많이 아프다고 합니다.
그래서 병원에 혼자 갈 수 없으니 (    ㉠    )고 합니다.
내일은 친구와 병원에 가야 해서 수업에 못 갈 것 같습니다.
혹시 (    ㉡    ). 숙제는 꼭 하도록 하겠습니다.
감사합니다.
                                          라라 올림
```

問題パターン

日常生活で使用される文章を読み、空欄に入る言葉をそれぞれ一つの文で書く問題。中級レベルの語彙と文法を使用して空欄に入る内容を表現する必要がある。

内容把握

授業に行けないことを先生にパソコンのメールで知らせている。

作文の戦略

㉠空欄の直前の**병원에 혼자 갈 수 없으니**という部分は、具合が悪い友達のことを指している。空欄の直後には引用形の~**고 합니다**が続いているので、空欄の部分も友達の発言であると分かる。さらにその次の文では**내일은 친구와 병원에 가야 해서**と言っているので、友達と一緒に病院に行くことになったと分かる。従って、病院に行くことになったきっかけは友達の発言であると考えられる。病院に一緒に行ってほしいという友達の要請があったと考えるのが自然である。

㉡授業には行けないが、宿題は提出すると言っている。そして、その間に**혹시**で始まる文を入れている。**혹시**は、やや遠慮気味に相手に疑問や要求を述べる際に文頭に用いられる副詞なので、ここでは先生に対して何かをお願いしていることが分かる。授業に行

かずに宿題を提出すると言っているので、もし宿題があるのであればその内容を教えてくれるよう頼んでいると考えるのが自然である。

語彙・文法

一緒に　같이	宿題がある　숙제가 있다
病院に行く　병원에 가다	パソコンの電子メール　메일, 이메일
宿題　숙제	携帯メール　문자, 문자 메시지
教えてくれる・教えてもらう　알려 주다	
〜してください (要請)　-(으)십시오	
〜してほしいと言う (要請の引用)　-아/어 달라고 하다	
〜してくれたらうれしいと言う (要請の引用)　-아/어 주면 좋겠다고 하다	

✓ 解答例

㉠ 친구가 병원에 같이 가 달라
㉡ 숙제가 있으면 알려 주십시오

[26~27] 次を読み、㉠と㉡に入る言葉をそれぞれ1文で書きなさい。

26. キム・ハナ先生へ

先生、こんにちは。私はララです。
今日、友達から電話がかかってきたんですが、友達が具合が悪いそうです。
それで、病院に一人で行けないので(　㉠　)そうです。
明日は友達と病院に行かなければならないので、授業に行けないと思います。
もし(　㉡　)。宿題は必ず致します。
ありがとうございます。

　　　　　　　　　　　ララより

㉠ 友達が病院に一緒に行ってほしい
㉡ 宿題があれば教えてください

27.

> '비단 잉어' 라는 물고기는 어항에서 살면 어항의 크기에 맞게 5~8cm로 자라고, 강에서 살면 150cm까지 자란다고 한다. 즉 (㉠). 사람도 마찬가지이다. 좁은 세상에서만 살아온 사람은 조금밖에 성장할 수 없다. 하지만 (㉡).

問題パターン

説明文を読み、空欄に入る言葉をそれぞれ一つの文で書く問題。文章を読み、空欄の前後および文章のテーマに沿うように、空欄の中を文として完成させる。中級レベルの語彙と文法を使用して空欄に入る内容を表現する必要がある。

内容把握

ニシキゴイは育つ環境によって体の大きさの限界が異なるが、それと同じように、人間も広い世界に出ることで器の大きい人に成長することができると述べている。

作文の戦略

㉠空欄の直前には즉という副詞がある。즉は、それまで述べたことを別の言葉に言い換えたり、要約したりするときに用いられる。空欄の前に述べていた内容は、ニシキゴイの成長するサイズが環境に応じて変化するというものである。従って、この内容によって主張している内容を要約すればよい。

㉡사람도 마찬가지이다という部分から、ニシキゴイに見られる現象が人間にもあると筆者が述べていることが分かる。この後に述べている内容は、狭い世界という環境と人間の成長の小ささを関連付けるものであるが、これは環境と成長度合いの関連性の具体例を人間についても挙げているのである。その次に하지만を使い、かっこにつないでいるので、かっこの中にはそれまでと反対の内容を入れる必要がある。狭い世界では小さい成長しかできないという例の反対なので、広い世界では大きく成長できるという内容を提示すればよい。

語彙・文法

住む場所	사는 곳, 사는 장소	より大きく	더 크게
~によって	~에 따라	たくさん	많이
~に合わせて	~에 맞게	成長する	성장하다
変わる、違いが出る	달라지다, 차이가 나다	~できる	-(으)ㄹ 수 있다
広い世界	넓은 세상		

✓ 解答例

㉠ 사는 곳에 따라 (몸의) 크기가 달라진다
　사는 곳에 맞게 (몸의) 크기가 달라진다

㉡ 넓은 세상으로 나가면 더 많이 성장할 수 있다
　넓은 세상으로 나가면 더 큰 사람으로 성장할 수 있다

27.　「ニシキゴイ」という魚は、金魚鉢に住むと金魚鉢の大きさに合わせて5〜8cmに育ち、川に住むと150cmまで育つそうだ。すなわち、(　㉠　)。人も同じだ。狭い世界でのみ生きてきた人は、少ししか成長できない。しかし、(　㉡　)。

㉠ 住む場所によって(体の)大きさが変わる
　住む場所に合わせて(体の)大きさが変わる
㉡ 広い世界に出ることでもっと成長できる
　広い世界に出ることでもっと器の大きい人に成長できる

※[28] 한국에서는 과거에 비해 출산율이 크게 낮아졌습니다. 다음 자료를 참고하여 저출산의 원인과 현황을 분석하는 글을 200~300자로 쓰십시오.

출산율의 변화	저출산의 원인
1960년 1인당 6.1명 ▼ 2013년 1인당 1.19명	1) 결혼관의 변화와 독신의 증가 2) 여성의 사회 진출 증가 3) 양육비 부담의 증대

問題パターン

与えられた資料を利用して、200~300字の短い文章を書く問題。適切な根拠を挙げて、テーマについて自分の考えを論理的に書く。中級レベルの語彙と文法を使用して内容を表現する必要がある。

内容把握

表を見て少子化の原因と現状を分析し、それに関する自分の考えを短く書く。

[28] 韓国では過去に比べて出生率が大きく下がりました。次の資料を参考にし、少子化の原因と現状を分析する文章を200~300字で書きなさい。

出生率の変化	少子化の原因
1960年 1人当たり6.1人 ▼ 2013年 1人当たり1.19人	1) 結婚観の変化と独身の増加 2) 女性の社会進出の増加 3) 養育費の負担の増大

作文の戦略

資料として示されているのは、出生率の変化と少子化の原因である。資料を見て自分の意見を書く問題では、まず資料に示された情報を韓国語の文章で再説明することから始める。従って、導入部分では韓国の出生率が下がっているというデータを挙げ、現状を述べる。解答例では、**과거에 비해 크게 낮아졌다**などの表現と具体的な数値の変化を挙げている。

次に、文章の展開として、それらの変化が起こった原因を述べる。これも資料に示さ

れているが、箇条書きになっているため断片的な情報になっている。これらを韓国語の文として書き換えることができるよう、練習する必要がある。例えば資料では**結婚観の変化や独身**と書かれていた部分は、解答例では**결혼관이 바뀌어서や결혼하지 않고 혼자 사는 것이 더 낫다고**のように、違う表現に書き換えられ、文に使われていることが分かる。なお解答例では違う表現が使われているが、**결혼관이 변화해서**と書いたり、**독신이 더 낫다고**と書いたりしてもよい。

　最後に結論として、解答者の考えを短く書く。資料を分析した結果分かることについて書けばよいので、解答者自身の主張を長く書く必要はない。解答例では、韓国の少子化の見通しについて述べている。

語彙・文法

出生率　출산율	独身　독신
少子化　저출산	社会進出　사회 진출
結婚観　결혼관	養育費の負担　양육비 부담

[現状]
～人であったのが～人に　~명이던/이었던 것이 ~명으로
（比率）が増加する、増える、高くなる　(비율)이 증가하다, 늘어나다, 높아지다
減少する、減る　감소하다, 줄어들다, 낮아지다
～する傾向が表れる　-는 추세이다, -는 경향이 나타나다

[展望]
～するものと予想される　-(으)ㄹ 것으로 예상되다
～する見通しだ　-(으)ㄹ 전망이다

[接続表現]

まず　우선	最後に　마지막으로
最初に　첫째	その他　이외에도
第二に　둘째	～は次の通りである　~은/는 다음과 같다
第三に　셋째	

✓ 解答例

　　한국의　출산율은　과거에　비해　크게
낮아졌다.　1960년에　　1인당　　6.1명이었
던　출산율이　2013년에는　　1.19명으로
5배　가까이　줄어든　것이다.
　　한국의　출산율이　감소하게　된　이유는
다음과　같다.
　　첫째,　젊은이들의　결혼관이　바뀌어서
결혼하지　않고　혼자　사는　것이　더　낫
다고　생각하는　사람들이　늘어났다.　둘째,
여성의　사회　진출이　증가하면서　결혼을
해도　아이를　적게　낳거나　낳지　않으려
는　경향이　생겼다.　셋째,　양육비에　대한
부담이　커진　것도　한　가지　원인이다.
이러한　상황이　계속된다면　한국의　저출
산　현상은　계속　이어질　전망이다.

　韓国の出生率は過去に比べて大きく減少している。1960年に1人当たり6.1人だった出生率が2013年には1.19人と、5分の1ほどに減っているのである。
　韓国の出生率が減少するようになった理由は次の通りである。
　第一に、若者の結婚観が変化して結婚せずに一人で生きる方がよいと考える人が増えた。第二に、女性の社会進出が増加して結婚をしても子どもを産む数が少なかったり産まなかったりする傾向が生まれた。第三に、養育費の負担が大きくなったのも一つの原因である。このような状況が続くなら、韓国の少子化現象は続く見通しである。

※[29] 다음을 주제로 하여 자신의 생각을 600~700자로 글을 쓰십시오. (50점)

> 국가가 발전하고 성장할수록 인구가 대도시로 모이는 현상이 나타납니다. 그리고 그에 따라 여러 가지 문제가 생기게 됩니다. 이러한 사회적 특성을 참고하여, '대도시 인구 집중 현상'에 대해 아래의 내용을 중심으로 자신의 생각을 쓰십시오.
>
> - 대도시에 인구가 모이는 이유는 무엇입니까?
> - 그 결과 어떤 문제점들이 나타났습니까?
> - 그 문제를 해결하기 위해서 어떤 노력이 필요합니까?

🔁 問題パターン

与えられた内容に沿って、600~700字の文章を書く問題。上級レベルの語彙と文法を使用して、テーマについて適切な根拠を挙げて自分の考えを論理的に書く。

📖 内容把握

大都市の人口集中現象の原因を調べ、それによる問題点と解決策を提示する。

> [29] 次のテーマで自分の考えを600~700字で書きなさい。
>
> 国家が発展して成長するほど、人口が大都市に集まる現象が現れます。そして、それに従っていろいろな問題が生じることになります。このような社会的特性を参考にして、「大都市の人口集中現象」について、下記の内容を中心に自分の考えを書きなさい。
> ・大都市に人口が集まる理由は何ですか？
> ・その結果、どのような問題点が現れましたか？
> ・その問題を解決するためにどのような努力が必要ですか？

✏️ 作文の戦略

課題文が幾つか与えられ、それに答えていく形で文章を組み立てていけば、論理的な文章を書くことができるようになっている。大都市に人が集まるという現象が初めに前提として与えられており、導入として最初に質問されているのはその現象の原因である。そして、その結果起きる問題点が具体例として挙げられ、最後に問題点を解決するため

の努力が文章全体の結論となる。
　これらの課題文に答える際は、その答えが順番につながっていき、最終的に一つの論理的な文章になることを意識しながら文章を組み立てていく必要がある。それぞれの問いにばらばらに答えてはならず、起こっている現象とその問題点、それへの対策という内容がそれぞれ対応していなければならない。
　解答例では、まず人が集まる理由として、공장이나 기업이 주로 교통이 편리한 도시에 있어서のように交通の便を挙げたり、경제 활동은 더 늘어나고のように経済活動を挙げたりしている。次に、人口が集中することの問題点として、시골이나 소도시에서 사람들이 점점 큰 도시로 빠져나가게 되고のように人口流出が起きていることや、경제 상황이 점점 나빠지거나のように経済状況の悪化が起きていることを挙げている。また、大都市においては、수질 오염이나 대기 오염などの環境問題を挙げたりしている。そして結論として、問題点を解決するために사람들이 큰 도시로 떠나지 않고 오히려 대도시의 사람들이 농어촌으로 돌아와 살 수 있도록というような努力をするべきだと述べ、정부의 지원 정책도 필요하다という主張をしている。

語彙・文法

交通が便利だ　교통이 편리하다
公共交通機関が発達する　대중교통이 발달하다
施設 (教育施設、文化施設、医療施設、商業施設) が増える
시설(교육시설, 문화시설, 의료시설, 상업시설)이 늘어나다
汚染 (水質汚染、大気汚染、環境汚染)　오염(수질 오염, 대기 오염, 환경 오염)
住宅問題　주택 문제
交通渋滞　교통 체증
物価　물가
問題が (問題点が) 生じる　문제가(문제점이) 생기다
問題を抱えている　문제를 안고 있다
不便を強いられる　불편을 겪다
〜に集中する、集まる、集まってくる　〜(으)로 집중하다, 모이다, 모여들다
〜から抜け出す　〜(으)로부터 빠져 나가다
成長する、発達する、大きくなる　성장하다, 발달하다, 커지다
増える、増加する　늘어나다, 증가하다
減る、減少する　줄어들다, 감소하다

～するようになる　-게 되다, -아/어지다
～が要求される、必要だ　～이/가 요구되다, 필요하다
～するようにしなければならない　-도록 해야 하다

[接続表現]
～するだけでなく　-(으)ㄹ 뿐만 아니라　　　～しながら　-(으)면서
それ(これ)だけでなく　그(이)뿐만 아니라　　一方　한편
～するほど　-(으)ㄹ수록

[指示表現]
このように　이렇게　　　　　　　　　その結果　그 결과
このような　이와 같은

[その他の副詞]
特に　특히　　　　　　　　　　　　むしろ　오히려
より一層　더욱더　　　　　　　　　主に　주로
やはり　역시, 과연

✅ 解答例

	국	가	가		경	제	적	으	로		성	장	할	수	록		사	람	들
은		대	도	시	로		모	여	든	다	.		공	장	이	나		기	업	이
주	로		교	통	이		편	리	한		도	시	에		있	어	서		일
자	리	를		찾	는		사	람	들	이		도	시	로		모	여	들	기
때	문	이	다	.		사	람	들	이		모	이	면		경	제		활	동	은
더		늘	어	나	고		도	시		경	제	는		더	욱	더		성	장
하	게		된	다	.		그	뿐	만		아	니	라		교	통	이		발	달
하	고		문	화		시	설	도		늘	어	나		도	시	에		사	는
사	람	들	의		생	활	은		점	점		편	리	해	진	다	.		이	렇
게		도	시	가		발	전	할	수	록		사	람	들	은		계	속

模擬試験1 解説　書き取り

도시로 모여들고 도시는 점점 커진다. 하지만 사람들이 대도시로 몰려들면서 여러 문제점도 생긴다. 시골이나 작은 도시에서는 사람들이 점점 큰 도시로 빠져나가게 되고, 그 결과 일할 사람들이 줄어들어 그곳의 경제 상황이 점점 나빠지거나 경제 발전이 어려워지게 된다. 한편 기업과 사람이 집중되는 대도시 역시 여러 문제를 안게 된다. 특히 수질 오염이나 대기 오염 등 환경 문제가 발생하고 주택 문제 등이 생겨서 사람들이 불편을 겪게 된다.
 이와 같은 문제를 해결하기 위해서는 농어촌 지역에도 도시처럼 다양한 편의 시설들을 마련하여 사람들이 큰 도시로 떠나지 않고 오히려 대도시의 사람들이 농어촌으로 돌아와 살 수 있도록 해야 한다. 또한 농어촌 경제를 발전시킬 수 있는 새로운 기술들도 개발해야 하며, 농어촌을 균형적으로 발전시키고 이곳 사람들에게 도움을 주는 정부의 지원 정책도 필요하다.

国家が経済的に成長すればするほど人々は大都市に集まる。工場や企業が主に交通の便利な都市に位置し、仕事を求め人々も都市に集まるからである。人々が集まれば経済活動はより増え、都市経済はさらに成長することとなる。それだけでなく交通が発達し、文化施設も増え、都市に住む人々の生活はますます便利になる。このように都市が発展すればするほど人々は次々と都市に集まり、都市は次第に大きくなる。

　しかしながら人々が都市に集まるとさまざまな問題点も生じる。田舎や小都市からは人々がますます大都市に抜け出すようになり、その結果仕事をする人々が減少してそこの経済状況が次第に悪くなったり、経済発展が困難になったりする。一方、工場と人が集中する大都市もまたさまざまな問題を抱えることになる。特に、水質汚染や大気汚染などの環境問題が発生して、住宅問題などで人々は不便を強いられるようになる。

　このような問題を解決するためには農漁村地域にも都市のように多様な施設を設けて人々が大都市へと離れずにむしろ大都市の人々も農漁村に帰ってきて暮らせるようにしなければならない。また、農漁村の経済を発展させることのできる新技術も開発しなければならず、農漁村をバランスよく発展させて住民を援助する政府の支援政策も必要である。

読解

※[1~2] ( )에 들어갈 가장 알맞은 것을 고르십시오.

> 1. 나는 ( ) 한국어를 공부하고 있다.
>   ① 취직해야   ② 취직하려면   ③ 취직하느라고   ④ 취직하기 위해

問題パターン
空欄に入れるのに適切な表現を選ぶ問題

内容把握
「私」がどのような目的で韓国語を勉強しているのかについての内容。

問題説明
①の-아/어야（〜してこそ）は、主に-아/어야 -ㄴ/는다、-아/어야 -(으)ㄹ 수 있다の表現に用いられ、「〜しなければ〜しない、〜しなければ〜できない」の意味を表す。②の-하려면は、「〜しようとするなら、〜するためには」の意味を表す。後ろには主に-아/어야 하다（〜しなければならない、〜すべきだ）が来る。③の-느라고は、「〜していて、そのせいで」の意味を表す。主に、何かができなかったり、否定的な結果が起きたりしたときにその言い訳や理由を言うときに使用する。④の-기 위해は、「〜するために」を表し、これが正解。

✓ **正解** ④

[1~2] ( )に入れるのに最も適切なものを選びなさい。
1. 私は( )韓国語を勉強している。
   ① 就職してこそ   ② 就職するには   ③ 就職していて   ④ 就職するために

2. 처음에는 몰랐는데 그 사람을 (　　) 훌륭하다는 생각이 들었다.
　①만날수록　②만난 김에　③만나고 보면　④만나는 만큼

🔄 問題パターン
空欄に入れるのに適切な表現を選ぶ問題

📖 内容把握
初めは分からなかったがその人に何度か会ううちにその人が立派だと考えるようになったという内容。

💡 問題説明
①の-(으)ㄹ수록は「〜すればするほど」の意味を表す表現であり、これが正解。②の-(으)ㄴ 김에は「〜したついでに」の意味。③-고 보면は「〜してみれば」の意味を表す表現で、通常は後ろに過去形の文が続くことはできない。④-는 만큼は「〜すればその分だけ」の意味を表す。

✔ 正解　①

2. 最初は分からなかったが、その人に(　　)素晴らしいと思った。
　① 会うほど　② 会ったついでに　③ 会ってみれば　④ 会う分だけ

※[3~4] 다음 밑줄 친 부분과 의미가 비슷한 것을 고르십시오.

> 3. 친구가 회사를 <u>그만둔다기</u>에 조금 더 생각해 보라고 했다.
>   ① 그만둔다거나　　　　② 그만둔다길래
>   ③ 그만둔다면서　　　　④ 그만둔다더니

🔄 問題パターン
似た表現を選ぶ問題

📖 内容把握
友達が会社を辞めると言うので私がもう少し考えてみるよう促す内容。

ℹ️ 問題説明
問題文の**그만둔다기에**は「辞めると言うので」という意味。①-ㄴ**/는다거나**は「〜したり」の意味の表現。②の-ㄴ**/는다길래**は「〜と言ったので」の意味であり、これが正解となる。③-ㄴ**/는다면서**は「〜と言いながら」で、④-ㄴ**/는다더니**は、「〜と言ったが」の意味であり、話者が聞いたことに関する事柄を話すときに使う表現である。

✓ **正解** ②

[3~4] 次の下線を引いた部分と意味が似ているものを選びなさい。
3. 友達が会社を<u>辞めると言うので</u>、もう少し考えてみろと言った。
　① 辞めるとか　　　　　② 辞めると言うので
　③ 辞めると言いながら　④ 辞めると言ったが

> 4. 갑자기 비가 쏟아지는 바람에 야구 경기가 중단되었다.
>   ① 쏟아져도   ② 쏟아질 텐데
>   ③ 쏟아지는 한   ④ 쏟아지는 통에

🔄 問題パターン
似た表現を選ぶ問題

📖 内容把握
急に土砂降りになったため野球の試合が中断になったという内容。

❗ 問題説明
비가 쏟아지는 바람에は「土砂降りになったため」という意味。①の-아/어도は「~しても」のように現在や過去の状況とは関係なく、後に必ず何かが起きることを表す表現。②の-(으)ㄹ 텐데は「~するだろうが」の意味の表現。③の-는 한は「~する限り」の意味の表現。④-는 통에 は「~するせいで」の意味なので、これが正解となる。

✅ 正解 ④

> 4. 突然雨が土砂降りになったせいで野球の試合が中断された。
>   ① 土砂降りになっても   ② 土砂降りになるだろうけど
>   ③ 土砂降りになる限り   ④ 土砂降りになったせいで

※ [5~7] 다음은 무엇에 대한 글인지 고르십시오.

> 5. 문서 작성뿐만 아니라 영화 감상까지!
>   더 얇아지고 가벼워진 내 책상 위의 친구
>   ① 카메라   ② 복사기   ③ 노트북   ④ 녹음기

問題パターン
何に関する内容なのかを選ぶ問題

内容把握
文書作成と映画鑑賞の両方を行うことができ、机の上に置いて使うことができるものを指している。노트북は「ノート(ブック)パソコン」のこと。

問題説明
文書を作ることができ、映画を見ることができ、机の上に置いていつも使うことができるものなので、노트북が正解である。

✔ 正解 ③

[5~7] 次は何についての文章か選びなさい。
5. 文書作成だけでなく映画鑑賞まで!
   より薄く軽くなった僕の机の上の友達
   ① カメラ   ② コピー機   ③ ノートパソコン   ④ 録音機

> 6. 혼자 하기 싫으면 동호인과 함께하면 됩니다.
>   남는 시간을 풍성하게 해 줄 다양한 즐거움이 있습니다.
>   ① 연구 활동   ② 여가 활동   ③ 생산 활동   ④ 취업 활동

問題パターン
何に関する内容なのかを選ぶ問題

内容把握
仲間と一緒にするもので、余った時間を通じて楽しめるものを指している。

問題説明
仲間と一緒にでき、余った時間を利用して楽しめるものなので、**여가 활동**が正解である。

✓ **正解** ②

> 6. 一人でやりたくなかったら、仲間と一緒にやればOKです。
>   余った時間を豊かにしてくれるさまざまな楽しみがあります。
>   ① 研究活動　② レジャー活動　③ 生産活動　④ 就職活動

> 7. 물건과 영수증을 함께 가지고 오십시오.
>   구입 후 일주일 이내로 오셔야 합니다.
>   ① 제품 문의　② 매장 소개　③ 구입 안내　④ 환불 방법

問題パターン
何に関する内容なのかを選ぶ問題

内容把握
品物を購入した後1週間以内に、品物と領収書を一緒に持ってこなければいけないという内容。

問題説明
品物を買った後にその品物と領収書を一緒に持ってこないといけないのは、払い戻しをするときや交換をするときなどが考えられる。ここでは**환불 방법**が正解である。

✓ **正解** ④

> 7. 品物と領収書を一緒にお持ちください。
>   購入後1週間以内にお越しいただく必要があります。
>   ① 製品の問い合わせ　② 売り場の紹介　③ 購入の案内　④ 払い戻しの方法

※ [8~11] 다음 글 또는 도표의 내용과 같은 것을 고르십시오.

8. 제주·여수 여행

⊙ 여행 기간 : 2016년 12월 23일(금) ~ 2016년 12월 27일(화) (4박 5일)
⊙ 상품 가격 : 성인(만 12세 이상) 490,000원 / 아동(만 12세 미만) 430,000원
⊙ 여행 여정 : 김포공항(비행기) → 제주(배) → 여수(비행기) → 김포공항

* 11월 23일까지 예약하신 분께는 여행 가방을 무료로 드립니다.
* 신청자가 20명 이하인 경우 여행이 취소될 수 있습니다.

① 제주에서 바로 김포공항으로 돌아온다.
② 신청자가 10명이면 여행을 못 갈 수 있다.
③ 출발 한 달 전까지 예약해야 여행이 취소되지 않는다.
④ 출발 한 달 전에 예약하면 여행 가방을 할인받을 수 있다.

問題パターン
文または図表の内容と一致するものを選ぶ問題

内容把握
旅行商品の案内であることが分かる。読み取れる内容は以下の通りである。
・5日間の旅行。
・満12歳からは成人料金の49万ウォンを払わなければならず、満11歳までは43万ウォンを払うこと。
・金浦空港から飛行機で済州島に向かい、済州島で船に乗って麗水に向かった後、麗水で飛行機に乗って金浦空港に戻るという旅程である。
・出発の1ヵ月前までに予約をするとかばんを無料で進呈。
・申し込みが20人以下の場合、中止になる可能性がある。

問題説明
・済州から麗水を経由して金浦空港に戻るとあるので、①は誤答である。

- 申し込みが20人以下の場合中止になる可能性があるので、10名であれば旅行に行けない可能性がある。従って②が正解。
- 出発の1カ月前までに予約をするとかばんを無料でもらえるとあるが、この期限は旅行の中止とは関係がないため、③は誤答である。
- 出発の1カ月前に予約をすると旅行かばんを無料でもらうことができる。割引ではないため、④は誤答である。

🔑 キーセンテンス
신청자가 20명 이하인 경우 여행이 취소될 수 있습니다.

✓ 正解 ②

[8~11] 次の文章または図表の内容と同じものを選びなさい。
8. 済州・麗水旅行

- 旅行期間：2016年12月23日（金）〜2016年12月27日（火）（4泊5日）
- 旅行代金：大人（満12歳以上）490,000ウォン／子ども（満12歳未満）430,000ウォン
- 旅行日程：金浦空港（飛行機）→済州（船）→麗水（飛行機）→金浦空港

＊11月23日までに予約なさった方には旅行かばんを無料で差し上げます。
＊申し込みが20人以下の場合、旅行が中止になることがあります。

① 済州から真っすぐ金浦空港に帰ってくる。
② 申し込みが10人だと旅行に行けないことがある。
③ 出発の1カ月前までに予約しないと旅行が中止になる。
④ 出発1カ月前に予約すれば旅行かばんを割引してもらえる。

9. **20대 청년이 선호하는 직장**

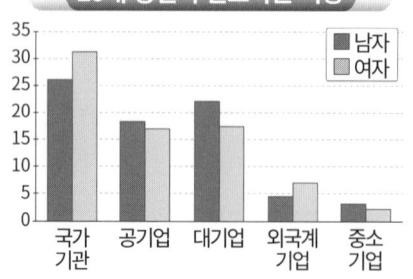

(그래프: 남자/여자, 국가기관, 공기업, 대기업, 외국계기업, 중소기업)

① 외국계 기업은 여자보다 남자에게 더 인기가 많다.
② 남자들은 대기업보다 공기업에 취직하기를 더 원한다.
③ 국가 기관을 선호하는 비율은 남자가 여자보다 더 높다.
④ 남녀 모두 국가 기관에 들어가고 싶어 하는 사람이 가장 많다.

問題パターン
文または図表の内容と一致するものを選ぶ問題

内容把握
20代の若者が好む職場を調査した結果である。好まれる職場の順位は、男女ともに、国家機関、大企業、公企業、外資系企業、中小企業の順である。また、男性が女性より好む職場は公企業、大企業、中小企業で、女性が男性より好む職場は国家機関、外資系企業である。

問題説明
・外資系企業は女性の方がより人気が高いため、①は誤答である。
・男性は公企業より大企業に就職するのを望んでいるため、②は誤答である。
・国家機関を好む比率は女性の方が高いため、③は誤答である。
・男女ともに国家機関に入りたい人が最も多いので、④が正解である。

正解 ④

9.

20代の若者が好む職場

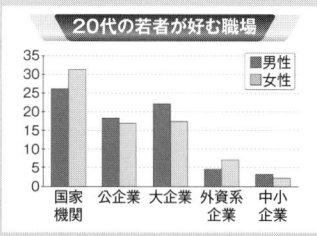

■男性
■女性

① 外資系企業は女性より男性に人気がある。
② 男性は大企業より公企業に就職することをより望んでいる。
③ 国家機関を好む比率は男性が女性より高い。
④ 男女とも、国家機関に入りたがっている人が一番多い。

10. 에스컬레이터를 탈 때 바쁜 사람들이 빨리 지나갈 수 있도록 한쪽으로 줄을 서서 타는 경우가 많다. 그런데 한 줄로 서면 에스컬레이터가 한쪽만 너무 무거워져서 고장이 날 수 있고 급하게 지나가는 사람들이 넘어져서 다칠 수도 있다. 그러므로 에스컬레이터를 탈 때는 두 줄로 타고 바쁜 사람은 계단을 이용하는 것이 좋다.

① 바쁜 사람들을 위해 한 줄로 에스컬레이터를 타야 한다.
② 한 줄로 서서 타면 에스컬레이터가 고장 날 위험이 있다.
③ 바쁜 사람들은 계단보다 에스컬레이터를 이용하는 것이 좋다.
④ 에스컬레이터를 두 줄로 타는 것이 계단을 이용하는 것보다 좋다.

問題パターン
文または図表の内容と一致するものを選ぶ問題

内容把握
エスカレーターを利用する方法について説明している。1列に並んで乗る場合が多いが、これは故障やけがの原因になるとされている。そのため、1列に乗らない方がよいと述べている。

🛈 問題説明

- 忙しい人のために1列にエスカレーターに乗るのは故障やけがの原因となると述べているので、①は誤答である。
- 1列に並んで乗るとエスカレーターの片方のみがあまりに重くなって故障し得ると述べているので、②が正解である。
- エスカレーターに乗るときは2列に乗って忙しい人は階段を利用するのがよいと述べているので、③は誤答である。
- エスカレーターに2列に乗ることが階段を利用するよりもよいという内容はないので、④は誤答である。

🔑 キーセンテンス

한 줄로 서면 에스컬레이터가 한쪽만 너무 무거워져서 고장이 날 수 있고 급하게 지나가는 사람들이 넘어져서 다칠 수도 있다.

✔ 正解　②

---

10. エスカレーターに乗るとき、忙しい人が速く通れるように片側に並んで乗ることが多い。だが、1列に並ぶとエスカレーターが片側のみ重くなって故障することもあり、急いで通る人が転んでけがすることもある。そのため、エスカレーターに乗る時は2列で乗り、忙しい人は階段を利用するのがいい。

① 忙しい人のために1列でエスカレーターに乗らなければならない。
② 1列に並んで乗ると、エスカレーターが故障する危険がある。
③ 忙しい人は階段よりエスカレーターを利用するのがいい。
④ エスカレーターに2列で乗るのが階段を利用するよりいい。

11. 강진구에서는 오는 4월 3일부터 4월 13일까지 벚꽃 축제가 열린다. 이 축제는 4월 3일 오전 10시에 강진구청 앞 가로수길에서 초청 가수의 공연으로 시작된다. 마지막 날 밤에는 다양한 먹을거리를 맛보고 구입할 수 있는 시장이 열리며 밤 9시부터 자정까지 불꽃놀이가 펼쳐질 예정이다. 축제 날짜는 꽃이 피는 시기에 따라 조정될 수 있다.

① 벚꽃 축제는 강진구에서 일주일간 열린다.
② 4월 13일 밤 10시에 불꽃놀이를 볼 수 있다.
③ 초청 가수가 축제의 마지막 날에 나올 것이다.
④ 축제 날짜는 이미 정해졌으므로 바뀌지 않을 것이다.

模擬試験 1 解説

読解

問題パターン
文または図表の内容と一致するものを選ぶ問題

内容把握
桜祭りの紹介をする内容である。ここから読み取れる内容は以下の通り。
- 4月3日から4月13日までカンジン区で桜祭りを行う。
- 4月3日午前10時にゲスト歌手の公演で始まる。
- 最終日の夜には市場が開かれ、夜9時から12時まで花火をする。
- 祭りの日程は花がいつ咲くかによって変更することがある。

問題説明
- 桜祭りはカンジン区で4月3日から4月13日まで11日間開かれるため、①は誤答である。
- 4月13日の夜9時から12時まで花火をするので、②が正解である。
- この祭りは招待歌手の公演で始まるので、招待歌手は祭りの初日に登場する。従って③は誤答である。
- 祭りの日程は花がいつ咲くかに合わせて調整されることがあるので、変更されることがある。従って④は誤答である。

キーセンテンス
밤 9시부터 자정까지 불꽃놀이가 펼쳐질 예정이다.

✓ 正解 ②

11. カンジン区では、来る4月3日から13日まで、桜祭りが開かれる。この祭りは、4月3日午前10時にカンジン区役所前の街路樹通りで招待歌手の公演で始まる。最終日の夜にはさまざまな食べ物の試食や購入ができる市場が開かれ、夜9時から12時まで花火が行われる予定だ。祭りの日程は花が咲く時期によって調整されることがある。

① 桜祭りはカンジン区で1週間開かれる。
② 4月13日夜10時に花火を見られる。
③ 招待歌手が祭りの最終日に出る予定だ。
④ 祭りの日程はすでに決まっているので、変わらないだろう。

※[12~13] 다음을 순서대로 맞게 배열한 것을 고르십시오.

12. (가) 물에 씻어 놓은 떡과 양념을 넣고 끓인다.
    (나) 떡을 씻어 놓고 양배추와 어묵과 파도 썰어 놓는다.
    (다) 그 다음에 고추장, 간장, 마늘, 설탕을 넣어 양념을 만든다.
    (라) 떡과 양념을 넣은 물이 끓으면 양배추, 어묵, 파를 넣고 마무리한다.

    ① (가)-(나)-(라)-(다)   ② (가)-(라)-(나)-(다)
    ③ (나)-(가)-(다)-(라)   ④ (나)-(다)-(가)-(라)

問題パターン
文を順番通りに並べる問題

内容把握
トッポッキの調理法を説明している。
・餅を洗っておき、タレを作る。
・餅とタレを水に入れて煮る。
・沸騰したらキャベツ、さつま揚げ、ネギを入れて完成。

問題説明
・(가)で물에 씻어 놓은 떡과 양념을 넣고 끓인다と述べているので、(나)の떡을 씻어 놓다の後ろに(가)が来なければならない。従って(나)(가)の順である。
・(다)에그 다음에があるので、(다)が最初に来ることはできない。また、(다)에양념을 만든다があり、(가)에양념을 넣고 끓인다があるので、(다)が(가)より前に来なければならない。従って(나)(다)(가)の順である。
・(라)에마무리한다があるので、(라)が最後に来なければならない。
・従って、④(나)-(다)-(가)-(라)が正解である。

正解 ④

[12~13] 次の文を順番通りに適切に並べたものを選びなさい。

12. (가) 水で洗っておいた餅とタレを入れて煮る。
    (나) 餅を洗っておいて、キャベツとさつま揚げとネギを切っておく。
    (다) その次にコチュジャン、しょうゆ、ニンニク、砂糖を入れてタレを作る。
    (라) 餅とタレを入れた水が沸騰したらキャベツ、さつま揚げ、ネギを入れて仕上げる。

13. (가) 그 외에 가구당 최대 50만 원의 이사 비용도 지원한다.
    (나) 지원 내용으로는 파트타임 일자리 제공과 생활비 지원이 있다.
    (다) 이상의 지원을 받으려면 농촌으로 이사하여 실제로 거주해야 한다.
    (라) 정부는 도시민이 농촌으로 가서 살 경우 여러 가지 지원을 하고 있다.

    ① (나)-(다)-(라)-(가)   ② (나)-(라)-(가)-(나)
    ③ (라)-(가)-(다)-(나)   ④ (라)-(나)-(가)-(다)

🔁 問題パターン
文を順番通りに並べる問題

📖 内容把握
政府の農村支援政策を説明している。
- 政府が農村支援政策をしている。
- パートタイムの仕事の提供と生活費の支援をする。
- それ以外に引っ越し費用も支援する。
- このような支援を受けるためには農村に引っ越して実際に住まなければならない。

ℹ️ 問題説明
- (가)に그 외에があるので、支援の内容に関する説明が(가)の前に来る。
- (나)に지원 내용으로는があるので、(나)(가)の順である。
- (다)で이상의 지원があり、支援の内容をまとめているので(나)(가)(다)の順である。
- (라)で政府が農村支援を行う主体であることが提示されている。一方、(가)や(나)では支援の主体が示されていない。前の内容の主体と後ろの内容の主体が同じ場合、後ろの主体を明示しないのが一般的であることを考えると、(라)は(나)の前に来る。結

果的に(라)(나)(가)の順になる。
・従って、④(라)-(나)-(가)-(다)が正解である。

✓ 正解 ④

13. (가) その他に世帯当たり最大50万ウォンの引っ越し費用も支援する。
    (나) 支援内容としては、パートタイムの仕事の提供と生活費支援がある。
    (다) 以上の支援を受けるには、農村に引っ越して実際に住まなければならない。
    (라) 政府は都市民が農村に移住する場合、いろいろな支援をしている。

※ [14~15] 다음을 읽고 (   )에 들어갈 내용으로 가장 알맞은 것을 고르십시오.

14. 어떤 문제가 생겼을 때 남녀의 반응은 다르다. 여자는 상대방이 자신의 감정을 알아주기를 원하는 데에 비해 남자는 문제가 일어난 이유가 무엇인지 알아내고 누구의 잘못인지를 밝히고 싶어 한다. 이렇듯 문제가 생겼을 때 남자와 여자는 (   ) 알 수 있다.

① 사용하는 언어가 동일하지 않다는 것을
② 문제를 해결하는 시간에 차이가 있다는 것을
③ 문제에 대해 반응하는 것이 서로 다르다는 것을
④ 상대방을 생각하는 정도가 서로 같지 않다는 것을

問題パターン
空欄に入れるのに適切な内容を選ぶ問題

内容把握
問題に対する男女の反応の差を説明している。問題が起きたとき、男女の反応は異なる。女性は自分の感情を理解してくれることを望むが、それに対して男性は問題の原因と問題を起こした人を知りたがる。このように、女性と男性は問題に対する反応が互いに異なる。

問題説明
男女の反応が異なるという内容を述べているので、空欄には問題に対して反応することが互いに異なるということが入る。

キーセンテンス
어떤 문제가 생겼을 때 남녀의 반응은 다르다.

正解 ③

[14~15] 次の文章を読み、(   )に入れる内容として最も適切なものを選びなさい。
14. 何か問題が起きたとき、男女の反応は違う。女性は相手が自分の感情を分かってくれることを望むのに比べ、男性は問題が起きた理由が何か探し出し、誰のミスなのかをはっきりさせたがる。このように、問題が起きたとき、男性と女性は (   ) 分かる。

① 使う言語が同じではないということが
② 問題を解決する時間に違いがあるということが
③ 問題に対して反応するのが互いに違うということが
④ 相手を考える程度が互いに同じではないということが

15. 사람의 귀에는 작은 길이 있다. 이 길로 공기가 드나들면서 몸 안팎 공기의 압력을 조절한다. 그런데 비행기를 탔을 때 압력 조절이 잘 안 되면 귀가 아플 수도 있다. 비행기가 올라가면 비행기 안의 공기가 급격히 줄면서 압력이 낮아진다. 그러나 몸 안의 압력은 빠르게 낮아지지 않으므로 몸 안팎의 압력 차이가 생겨 통증을 느끼게 된다. 이때 침을 삼키면 공기의 길이 열려 공기가 (   ) 통증이 없어진다.

① 맑아지면서
② 빠져나가면서
③ 차가워지면서
④ 가라앉으면서

問題パターン
空欄に入れるのに適切な内容を選ぶ問題

内容把握
飛行機に乗るときに耳が痛む原因を説明している。人間の耳には小さな道があり、その小さな道を通じて体の内外の圧力が調整されている。飛行機が上昇すると、空気が急激に少なくなり圧力が低くなる。しかし人間の体の中の圧力はすぐに低くはならないので、体の内外の圧力差で痛みを感じるようになる。このときに唾を飲み込むと、空気の道が開いて空気が抜ける。空気が抜けて圧力が調整され、痛みがなくなる。

問題説明
人間の体の内外の圧力差で痛みを感じ、痛みを無くすためには、圧力を調節しなければならないということが推測される。唾を飲み込むことで痛みがなくなったということは、この動作で気圧の調節が行われたことを意味する。空気の道を利用した圧力調節とは、空気を入れるか抜くかのどちらかを意味する。従って正解は②となる。

🔑 **キーセンテンス**

그러나 몸 안의 압력은 빠르게 낮아지지 않으므로 몸 안팎의 압력 차이가 생겨 통증을 느끼게 된다.

✓ 正解 ②

15. 人の耳には小さな道がある。この道から空気が出入りして体の内外の空気の圧力を調節する。ところで、飛行機に乗ったとき、圧力調節がうまくいかないと耳が痛くなることもある。飛行機が上昇すると飛行機内の空気が急激に減って圧力が下がる。しかし、体内の圧力は急には下がらないので、体の内外の圧力差が生じ、痛みを感じることになる。このとき、唾を飲み込むと空気の道が開き、空気が（　　　）痛みがなくなる。

① 澄んで　② 抜けて　③ 冷たくなって　④ 沈んで

※[16~17] 다음을 읽고 물음에 답하십시오.

> 어떤 일을 할 때 여러 사람이 같이 하면 그만큼 효과가 더 클 것이라고 생각하기 쉽다. 그러나 사람의 수가 많아지면 (   ) 한 사람이 내는 효과는 줄어든다. 줄을 당기는 실험에서 혼자 줄을 당길 때는 100%의 힘을 냈지만 8명이 당길 때는 각각 49%의 힘만 썼다는 결과가 나왔다. 이 실험을 보더라도 다수의 사람이 무리를 지어 일하는 것보다 소수의 인원으로 일하는 것이 더 효과적이라는 것을 알 수 있다.

📖 内容把握

人数による仕事の効率の違いについて説明している情報伝達文。仕事をするときに人が多いと効果が大きいだろうと考えがちだが、人数が多いと一人が出す効果は減少する。これを実験で証明した。実験の結果、少ない人員がより効果的だということが分かる。

16. (   )에 들어갈 알맞은 것을 고르십시오.
    ① 오히려   ② 드디어   ③ 게다가   ④ 도대체

🔄 問題パターン

空欄に入れるのに適切なものを選ぶ問題

ℹ️ 問題説明

人数が多くなると効果がより大きくなるだろうと考えがちだが、実際には1人が出す効果が減少するという内容であるため、一般的な考えと異なるときに使用する表現である**오히려**が正解。

✅ 正解　①

模擬試験1 解説　読解

> 17. 이 글의 중심 생각을 고르십시오.
>   ① 사람이 적을수록 일하기가 쉽다.
>   ② 여러 사람들이 같이 일을 해서는 안 된다.
>   ③ 많은 수의 사람보다 적은 수의 사람이 모여 일하는 것이 더 낫다.
>   ④ 좋은 결과를 내려면 여러 사람의 힘보다 한 사람의 힘이 더 중요하다.

問題パターン
文章の主旨を選ぶ問題

問題説明
実験の結果、多くの人が一緒に仕事をするよりも少ない人が仕事をするときの方がより効果的だということが明らかになった。従って、少数の人が集まって仕事をするのがよりよいというのが主旨である。

キーセンテンス
이 실험을 보더라도 다수의 사람이 무리를 지어 일하는 것보다 소수의 인원으로 일하는 것이 더 효과적이라는 것을 알 수 있다.

✓ 正解 ③

[16~17] 次の文章を読み、質問に答えなさい。
　何かをやるとき、たくさんの人が一緒にやるとその分効果がより大きくなると考えがちだ。しかし、人数が増えると(　　　)1人が出す効果は減る。綱引きの実験で、1人で綱を引っ張るときは100%の力を出したが、8人で引っ張るときはそれぞれ49%の力しか使わなかったという結果が出た。この実験を見ても、大勢の人が群れを作って仕事するより、少数の人員で仕事する方がより効果的だということが分かる。

16. (　　　)に入る適切なものを選びなさい。
    ① むしろ　　② ついに　　③ その上　　④ いったい

17. この文章の主旨を選びなさい。
    ① 人が少ないほど仕事しやすい。
    ② たくさんの人が一緒に仕事をしてはいけない。
    ③ 大勢の人より少数の人が集まって仕事する方がましだ。
    ④ いい結果を出すにはたくさんの人の力より1人の力がより重要だ。

※ [18~19] 다음을 읽고 물음에 답하십시오.

> 오늘도 나는 아내와 두 아들을 데리고 도시락 배달 봉사를 다녀왔다. 도시락 배달 봉사는 일주일에 한 번씩 토요일에 나가는데, 한 조에 5명씩 요리 조, 포장 조, 배달 조, 설거지 조로 나뉘어서 도시락 배달을 준비한다. 아내는 요리 조, 두 아들과 나는 배달 조였는데 우리가 배달을 나간 곳은 혼자 사는 노인이 많이 살고 있는 동네였다. 그런데 배달 갈 때마다 늘 찾아뵙던 할아버지 한 분을 이번에는 만날 수가 없었다. 며칠 전에 돌아가셨다는 것이다. <u>다시 못 볼 줄 알았다면 더 잘해 드렸을 텐데 그렇게 하지 못해 마음이 아팠다.</u> 앞으로는 매순간이 마지막인 것처럼 최선을 다해서 봉사 활동을 해야겠다는 생각이 들었다.

📖 内容把握

弁当配達のボランティア活動に関する内容の随筆である。「私」は妻、息子2人と弁当配達のボランティア活動をしていて、1週間に1回、土曜日に出る。1組5人ずつ、弁当配達の準備をする。息子2人と一緒に、一人暮らしの老人が多い町に配達に行く。今回、おじいさん1人がお亡くなりになった。「私」は、もっと親切にできなかったことに心を痛め、最善を尽くしてボランティア活動をしないといけないと考えた。

18. 밑줄 친 부분에 나타난 나의 기분으로 알맞은 것을 고르십시오.
① 두렵다　② 아쉽다　③ 답답하다　④ 부끄럽다

🔄 問題パターン
「私」の気分として適切なものを選ぶ問題

❗ 問題説明
弁当配達のボランティア活動から帰ってきた後、お亡くなりになったおじいさんにもっと親切にできなかったことに「私」は心を痛めている。従って、現在はおじいさんが亡くなって親切にできないので**아쉽다**が正解。

模擬試験 1 解説　読解

✓ 正解 ②

19. 이 글의 내용과 같은 것을 고르십시오.
① 아내와 나는 다른 조에서 봉사했다.
② 나는 오늘 도시락 배달 봉사를 하기 시작했다.
③ 나는 한 달에 두 번 도시락 배달 봉사를 하러 간다.
④ 내가 배달 나간 동네에는 대부분 가족들이 같이 살고 있다.

問題パターン
文章の内容と一致するものを選ぶ問題

問題説明
- 妻は料理組、息子2人と「私」は配達組で働くので、①が正解である。
- 今日もという記述から、今日が初めてではないことが分かるので、②は誤答である。
- 一週間に一度ずつ土曜日に出るので、1カ月に通常4〜5回ボランティアに行く。従って③は誤答である。
- 「私」が配達に出る町は一人暮らしの老人が多いところなので、④は誤答である。

キーセンテンス
아내는 요리 조, 두 아들과 나는 배달 조였는데 우리가 배달을 나간 곳은 혼자 사는 노인이 많이 살고 있는 동네였다.

✓ 正解 ①

[18~19] 次の文章を読み、質問に答えなさい。
　今日も私は妻と2人の息子を連れて弁当配達のボランティアに行ってきた。弁当配達のボランティアは1週間に1回、土曜日に行くが、1組に5人ずつ、料理組、包装組、配達組、洗い物組に別れて弁当配達を準備する。妻は料理組、2人の息子と私は配達組だったが、私たちが配達に行った場所は一人暮らしの老人が多く住んでいる町だった。ところが、配達に行くたびにいつもお会いしていたおじいさん1人と、今回は会えなかった。数日前に亡くなったそうだ。二度と会えないと知っていたらもっと親切にしたのに、そうできず心が痛んだ。これからは毎瞬間が最後だと思い最善を尽くしてボランティア活動をしなければと思った。

18. 下線を引いた部分に表れた私の気持ちとして適切なものを選びなさい。
　　① 怖い　　② 残念だ　　③ もどかしい　　④ 恥ずかしい

19. この文章の内容と同じものを選びなさい。
　　① 妻と私は別々の組でボランティアをした。
　　② 私は今日、弁当配達のボランティアを始めた。
　　③ 私は1カ月に2回、弁当配達のボランティアをしに行っている。
　　④ 私が配達に行った町では、ほとんどの家族が一緒に住んでいる。

※[20] 다음 글에서 <보기>의 문장이 들어가기에 가장 알맞은 곳을 고르십시오.

가끔 커피숍에 가서 혼자 조용히 책을 읽거나 쉬고 싶을 때가 있는데 그러기는 쉽지 않다. (㉠) 대부분의 커피숍에서는 많은 사람들이 이야기를 나누거나 음악이 크게 나오기 때문이다. (㉡) 그런데 음악이 조용하게 흐르는 가운데 커피를 마시면서 책을 볼 수 있는 커피숍이 있다. (㉢) 커피를 마시며 이렇게 마음껏 책을 읽는 여유를 즐기고 싶다면 이곳에 가기를 권하고 싶다. (㉣)

보기

이곳에서는 여러 종류의 책을 진열해 놓고 손님이 마음대로 읽을 수 있게 하고 있다.

① ㉠   ② ㉡   ③ ㉢   ④ ㉣

問題パターン
<보기>の文が入るのに適切な場所を選ぶ問題

内容把握
一人で静かに本を読んだり休んだりできるコーヒーショップをすすめる内容である。たまにコーヒーショップに行って一人で本を読んだり休んだりしたいときがあるが、それは難しい。なぜなら、大部分のコーヒーショップでは多くの人が話をしたり音楽が大きく流れたりしているためである。しかしコーヒーを飲みながら静かに本を読むことができるコーヒーショップがある。そこでは置いてある本を客が自由に読むことができる。ここをおすすめする。

問題説明
最後の文に이렇게 마음껏があるので、その前に<보기>の文が入るのが自然。

🔑 キーセンテンス

커피를 마시며 이렇게 마음껏 책을 읽는 여유를 즐기고 싶다면 이곳에 가기를 권하고 싶다.

✓ 正解 ③

[20] 次の文章で、〈보기〉の文が入るのに最も適切な場所を選びなさい。

　時々、コーヒーショップに行って一人で静かに本を読んだり休んだりしたいときがあるが、そうするのは簡単ではない。（　㋐　）ほとんどのコーヒーショップでは多くの人が話をしていたり音楽が大きな音で流れていたりするためだ。（　㋑　）しかし、音楽が静かに流れる中でコーヒーを飲みながら本を読むことができるコーヒーショップがある。（　㋒　）コーヒーを飲みながらこのように思う存分本を読む余裕を楽しみたいなら、ここに行くことをおすすめしたい。（　㋓　）

〈보기〉
ここではいろいろな種類の本が陳列してあり、客が好きに読めるようにしている。

※ [21~22] 다음을 읽고 물음에 답하십시오.

> '다르다'는 두 개 이상의 사물이 같지 않다는 뜻이고, '틀리다'는 거기에 판단이 들어가 옳지 않다는 뜻이 된다. 과거에는 다른 사람들과 '다른 것'이 '틀린 것'으로 생각되던 시절이 있었다. 예를 들어 과거에는 대부분의 사람들이 오른손을 주로 사용했고 왼손잡이에 대해 좋지 않게 생각했기 때문에 가족 중에 왼손잡이가 있으면 억지로 오른손을 쓰게 하는 경우도 있었다. 그러나 요즘 사람들은 왼손잡이가 오른손잡이와 주로 사용하는 손이 다르고, 오른손잡이에 비해 (   ) 뿐이라는 것을 인정하게 되었다. 모든 사람들이 다 똑같을 수는 없는 것이므로 다르다는 것을 이유로 차별하거나 차별받는 것은 바람직하지 않다.

📖 **内容把握**

論説文である。**다르다**는 같지 않다という意味で、**틀리다**는 옳지 않다という意味である。過去には**다른 것**을 **틀린 것**として考えていたことがある。例えば、左利きは良くないと考えていた。最近では、左利きは右利きと異なるだけであると考えられている。異なるという理由で差別をしたり差別を受けたりするのは正しくない。

21. 이 글의 주제로 알맞은 것을 고르십시오.
   ① 남과 다르면 차별받기 쉽다.
   ② 왼손을 쓸 경우 불편한 점이 많다.
   ③ 다른 것을 틀린 것으로 생각하면 안 된다.
   ④ 왼손잡이는 오른손잡이보다 우수하지 않다.

🔁 **問題パターン**
主題, すなわち文で中心になる考えや内容を選ぶ問題

❗ **問題説明**
最後の文を見ると、異なるということを理由に差別をしたり差別を受けたりするのは望ま

しくないとしているので、다른 것을 틀린 것으로 생각하면 안 된다가 この文章の主題となる。

🔑 **キーセンテンス**

모든 사람들이 다 똑같을 수는 없는 것이므로 다르다는 것을 이유로 차별하거나 차별받는 것은 바람직하지 않다.

✅ **正解** ③

---

22. ( )에 들어갈 내용으로 가장 알맞은 것을 고르십시오.
   ① 수가 적을
   ② 습관이 나쁠
   ③ 차별받고 있을
   ④ 인식이 좋지 않을

🔄 **問題パターン**

空欄に入れるのに適切な内容を選ぶ問題

❗ **問題説明**

과거에는 대부분의 사람들이 오른손을 주로 사용했고という部分を見ると、左利きの人の数が少ないということが分かる。

✅ **正解** ①

[21~22] 次の文章を読み、質問に答えなさい。

「다르다」(違う)は2個以上の物事が同じではないという意味で、「틀리다」(間違う)はそこに判断が入り、正しくないという意味になる。過去には他の人と「다른 것」(違うこと)が「틀린 것」(間違ったこと)と考えられた時があった。例えば、過去にはほとんどの人が右手を主に使っていて、左利きに対して良くないことと考えたので、家族の中に左利きの人がいれば無理に右手を使わせることもあった。しかし、最近の人は左利きが右利きと主に使う手が違い、右利きに比べて(   )だけだということを認めるようになった。全ての人が皆同じではないので、違うということを理由に差別したり差別されたりすることは望ましくない。

21. この文章の主題として適切なものを選びなさい。
   ① 他人と違うと差別されやすい。

②左手を使う場合、不便な点が多い。
③違うことを間違ったことと考えてはいけない。
④左利きは右利きより優秀ではない。

22. (　　　)に入れる内容として最も適切なものを選びなさい。
　　①数が少ない　　②習慣が悪い　　③差別をされている　　④認識が良くない

※[23~25] 다음을 읽고 물음에 답하십시오.

> 오늘날과 같은 세계화 시대에 창의성 교육은 대부분의 나라에서 교육이 나아갈 새로운 방향으로 제시되고 있다. 창의성 교육이란 새로운 것을 생각해 내는 능력을 기르는 교육이다. 현재 창의성 교육을 실시하고 있는 나라는 많지 않다. 창의성 교육으로 유명한 한 나라에서는 교육 목표를 모든 학생에게 똑같은 교육을 하는 데에 두지 않고 학생들이 각자 다른 개성을 가지고 성장할 수 있도록 돕는 데에 두고 있다. 그래서 선생님이 교과서에만 의존하지 않고 학생들에게 맞는 교육 자료를 개발하여 가르치는 경우도 있다. 이와는 달리 많은 나라에서는 선생님이 학생의 개성을 고려하지 않고 교과서에 있는 지식을 전달하는 데에만 집중하고 있어서 문제가 된다. 학생들의 창의성을 키우기 위해서는 (   ) 학생 개개인에게 맞춰 수업을 해야 할 것이다. 학생들의 개성을 살리고 창의력을 키울 수 있도록 더 힘써야 하겠다.

📖 **内容把握**

これから先は創意性の教育をしなければならないと主張する内容の論説文である。グローバル化時代の新しい教育の方向として、創意性の教育が掲げられている。創意性の教育とは何かを説明するため、創意性の教育で有名なある国の例を挙げる。その国では、学生の個性を尊重して学生に適した教育資料を開発して教えたりもしている。多くの国では、個性と関係ない教科書に依存して教えているが、創意性を育てるためには学生個々人に合わせて授業をしなければならない。学生の個性を生かして創意性を育てられるように努力をしなければならない。

23. 필자가 이 글을 쓴 목적을 고르십시오.
   ① 창의성 교육의 뜻을 설명하기 위해
   ② 현재 한국의 교육 상황을 알리기 위해
   ③ 창의성 교육의 필요성을 주장하기 위해
   ④ 창의성 교육이 성공한 예를 제시하기 위해

問題パターン
文章を書いた目的を選ぶ問題

問題説明
千編一律の内容を教えるのではなく、個性を考慮して教える創造性の教育をしなければならないと主張する内容なので、文章を書いた目的は③が正解である。

キーセンテンス
학생들의 개성을 살리고 창의력을 키울 수 있도록 더 힘써야 하겠다.

正解 ③

24. (   )에 들어갈 내용으로 가장 알맞은 것을 고르십시오.
   ① 새로운 것을 가르칠 것이 아니라
   ② 교육 목표를 참고할 것이 아니라
   ③ 모두에게 동일한 내용을 가르칠 것이 아니라
   ④ 교육 자료를 직접 만들어서 가르칠 것이 아니라

問題パターン
空欄に入れるのに適切な内容を選ぶ問題

問題説明
学生の創造性を育てるために学生個々人に合わせて授業をしなければならないと言い、選択肢が~이 아니라で終わっているので、空欄の後には反対の内容が来ることになる。従って③が正解である。

✓ 正解 ③

25. 밑줄 친 부분에 나타난 필자의 태도로 알맞은 것을 고르십시오.
   ① 앞으로 새로운 교육이 실시될 것을 알려 주고 있다.
   ② 교육의 변화가 가져올 미래의 상황을 우려하고 있다.
   ③ 현재 교육 문제를 해결할 방법에 대해 제시하고 있다.
   ④ 여러 나라에서 하고 있는 교육의 문제점을 지적하고 있다.

問題パターン

筆者の態度、すなわち文章を書いた人が文章の内容についてどのような考えを持っているのかを選ぶ問題

問題説明

많은 나라에서는 교과서에 있는 지식을 전달하는 데에만 집중하고 있어서 문제가 되고 있다고 述べているので、問題点を指摘しているということが分かる。従って、④が正解である。

✓ 正解 ④

[23~25] 次の文章を読み、質問に答えなさい。

　今日のようなグローバル時代に創意性の教育はほとんどの国で教育が進む新しい方向として提示されている。創意性の教育とは、新しいことを考え出す能力を育てる教育だ。現在、創意性の教育を実施している国は多くない。創意性の教育で有名なある国では、教育目標を全ての学生に同じ教育をすることに置かず、学生が各自異なる個性を持って成長できるように助けることに置いている。そのため、先生が教科書にのみ依存するのではなく、学生に合った教育資料を開発して教えることもある。これとは違い、多くの国では先生が学生の個性を考慮せず教科書にある知識を伝えることにのみ集中しているため、問題となる。学生の創意性を育てるためには(　　　)学生個々人に合った授業をしなければならないはずである。学生の個性を生かして創意力を育てられるようにもっと力を注がなければならない。

23. 筆者がこの文章を書いた目的を選びなさい。
   ① 創意性の教育の意味を説明するため
   ② 現在の韓国の教育状況を伝えるため

133

③ 創意性の教育の必要性を主張するため
④ 創意性の教育が成功した例を提示するため

24. (　　)に入れる内容として最も適切なものを選びなさい。
① 新しいことを教えるのではなく
② 教育目標を参考にするのではなく
③ 皆に同じ内容を教えるのではなく
④ 教育資料を自分で作って教えるのではなく

25. 下線を引いた部分に表れた筆者の態度として適切なものを選びなさい。
① 今後、新しい教育が実施されることを知らせている。
② 教育の変化がもたらす未来の状況を憂慮している。
③ 現在の教育問題を解決する方法について提示している。
④ さまざまな国が行っている教育の問題点を指摘している。

模擬試験 1　正解

※「聞き取り」問題と「読解」問題の配点は各2点です。「書き取り」問題の配点はP.18〜20をご参照下さい。

聞き取り

問題	正解	レベル
1	①	3級下
2	②	3級下
3	③	4級下
4	③	3級下
5	④	3級中
6	②	3級下
7	③	4級下
8	③	3級中
9	①	3級上
10	③	3級中
11	②	4級下
12	②	3級上
13	④	3級上
14	④	4級中
15	②	4級下
16	①	4級中
17	②	4級中
18	①	4級上
19	③	4級上
20	①	4級上
21	②	4級上
22	①	4級上
23	④	4級上
24	②	4級上
25	③	5級下

書き取り

問題	レベル
26	3級下〜3級中
27	3級中〜4級下
28	3級〜4級
29	4級上

読解

問題	正解	レベル
1	④	3級上
2	①	4級中
3	②	4級中
4	④	4級中
5	③	3級上
6	②	4級中
7	④	4級下
8	②	3級上
9	④	4級中
10	②	3級中
11	②	4級下
12	④	3級中
13	④	4級上
14	③	4級下
15	②	4級上
16	①	4級下
17	③	4級下
18	②	4級上
19	①	4級下
20	③	3級上
21	③	4級上
22	①	4級上
23	③	4級上
24	③	4級上
25	④	4級上

模擬試験 2
2회 모의고사

TOPIK II
중급

1교시　　**듣기, 쓰기**

・「聞き取り」は、CD音声のTR20-38を使用します。

・解答用紙は巻末にあります。切り取ってお使いください。

・正解はP.249に掲載されています。

수험번호(Registration No.)		
이름 (Name)	한국어(Korean)	
	영　어(English)	

TOPIK Ⅱ 듣기 (1번~25번)

※ [1~3] 다음을 듣고 알맞은 그림을 고르십시오. (각 2점)

1. ①　② 
　　③ 　④

2. ① ② ③ ④

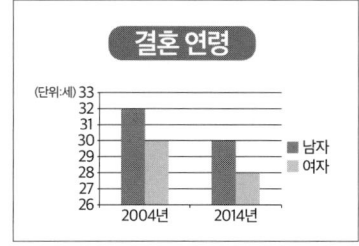

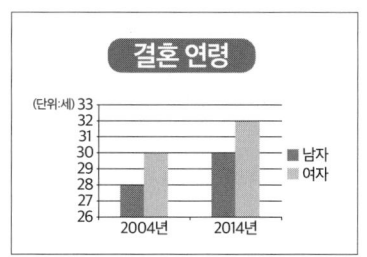

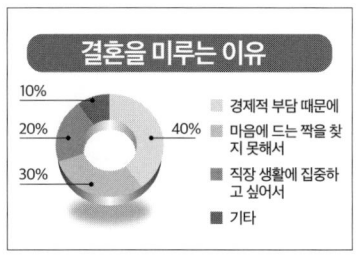

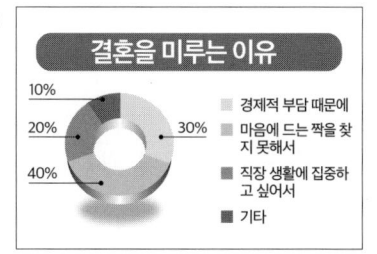

3. ① 결혼 연령 (단위:세) 남자/여자 2004년 2014년
② 결혼 연령 (단위:세) 남자/여자 2004년 2014년
③ 결혼을 미루는 이유 10% 20% 30% 40% 경제적 부담 때문에 / 마음에 드는 짝을 찾지 못해서 / 직장 생활에 집중하고 싶어서 / 기타
④ 결혼을 미루는 이유 10% 20% 40% 30% 경제적 부담 때문에 / 마음에 드는 짝을 찾지 못해서 / 직장 생활에 집중하고 싶어서 / 기타

※ [4~5] 다음 대화를 잘 듣고 이어질 수 있는 말을 고르십시오. (각 2점)

4. ① 글쎄요. 두 시쯤에 괜찮아요.
   ② 그래요? 그럼 영화 보러 갈래요?
   ③ 정말요? 월요일에 시간이 있어요?
   ④ 그러네요. 저도 중요한 약속이 있어요.

5. ① 네. 제가 한번 연락해 보겠습니다.
   ② 네. 무엇보다 건강이 중요하니까요.
   ③ 그럼요. 그분이 발표해 주신다고 했어요.
   ④ 그럼요. 믿을 만한 분이니까 걱정 마세요.

※ [6~7] 다음 대화를 잘 듣고 여자가 이어서 할 행동으로 알맞은 것을 고르십시오. (각 2점)

6. ① 저녁을 먹으러 나간다.
   ② 집에서 요리를 시작한다.
   ③ 남편이 올 때까지 기다린다.
   ④ 슈퍼마켓에 들러서 장을 본다.

7. ① 남자를 따라 체육관을 방문한다.
   ② 자신을 지도해 줄 선생님을 찾는다.
   ③ 자신에게 잘 맞는 운동을 골라 본다.
   ④ 3개월짜리 운동 프로그램을 시작한다.

※ [8~9] 다음 대화를 잘 듣고 내용과 일치하는 것을 고르십시오. (각 2점)

8. ① 식품은 소비 기한 안에 판매해야 한다.
   ② 우유는 두부보다 소비 기한이 더 길다.
   ③ 우유와 두부의 유통 기한은 차이가 없다.
   ④ 유통 기한이 지난 우유는 버리는 것이 좋다.

9. ① 화재 때문에 가스 공급이 끊겼다.
   ② 난방 기구로 인한 화재가 늘고 있다.
   ③ 부상자가 나오고 재산 피해도 있었다.
   ④ 화재 발생 2시간 후 불이 완전히 꺼졌다.

※ [10~11] 다음을 듣고 남자의 중심 생각을 고르십시오. (각 2점)

10. ① 과제는 시간이 많은 주말에 하는 편이 좋다.
    ② 시간을 들여 천천히 글을 써야 좋은 글이 나온다.
    ③ 자료를 많이 준비하지 않고는 좋은 글이 나올 수 없다.
    ④ 집중만 잘한다면 얼마 동안 글을 쓰느냐는 중요하지 않다.

11. ① 취미를 공유하는 친구가 많아야 한다.
    ② 번역가가 되려면 외국어를 많이 접해야 한다.
    ③ 좋아하는 일을 하면 능력을 키울 수 있게 된다.
    ④ 멀티미디어 자료를 활용하여 언어 학습을 해야 한다.

🔊 **※ [12~13] 다음을 듣고 물음에 답하십시오. (각 2점)**

12. 남자의 중심 생각으로 맞는 것을 고르십시오.
    ① 이번 휴가에서는 구경보다 휴식이 더 필요하다.
    ② 자신보다 아이들을 쉬게 하는 것이 더 중요하다.
    ③ 여행 후 출장 계획이 있어 이번 여행을 즐겨야 한다.
    ④ 여행을 통해 아이들에게 많은 것을 체험하게 해야 한다.

13. 들은 내용으로 맞는 것을 고르십시오.
    ① 남자는 최근에 휴가를 다녀온 적이 있다.
    ② 여자는 남편의 건강에 대해서 걱정하고 있다.
    ③ 아이들은 박물관보디 역시 체험관에 기고 싶어 한다.
    ④ 여자는 아이들이 무리해서 공부하면 안 된다고 생각한다.

🔊 **※ [14~15] 다음을 듣고 물음에 답하십시오. (각 2점)**

14. 남자는 무엇을 하고 있는지 고르십시오.
    ① 집 짓기 봉사단의 향후 활동 계획을 설명하고 있다.
    ② 집 짓기 봉사에 참여할 자원 봉사자를 모집하고 있다.
    ③ 집 짓기 봉사 프로젝트의 성공적인 수행을 축하하고 있다.
    ④ 집 짓기 봉사 활동에 대한 지속적인 지원을 요구하고 있다.

15. 들은 내용으로 맞는 것을 고르십시오.
    ① 다음 프로젝트는 내년 여름에 시작된다.
    ② 이번 집 짓기 봉사는 여름에 진행되었다.

③ 집 짓기 봉사는 집을 아름답게 고쳐 주는 것을 목표로 한다.
④ '한국전자'는 다음 프로젝트에서도 지원을 하기로 되어 있다.

※ [16~17] 다음을 듣고 물음에 답하십시오. (각 2점)

16. 여자가 남자에게 말하는 의도를 고르십시오.
    ① 터널 공사를 중단해 줄 것을 부탁하기 위해
    ② 터널 건설의 기대 효과에 대해 설명하기 위해
    ③ 터널 건설에 대한 자신의 의견을 주장하기 위해
    ④ 터널 공사 반대 시위에 참여할 것을 요청하기 위해

17. 들은 내용으로 맞는 것을 고르십시오.
    ① 매연 때문에 동물들이 살 곳이 없어진다.
    ② 이 지역은 현재 출퇴근길이 매우 복잡하다.
    ③ 이 지역은 점점 대기 오염이 심해지고 있다.
    ④ 장기적으로 볼 때 터널 공사가 꼭 필요하다.

※ [18~19] 다음은 인터뷰입니다. 잘 듣고 물음에 답하십시오. (각 2점)

18. 남자는 누구인지 고르십시오.
    ① 의사   ② 대학 교수
    ③ 상담 전문가   ④ 스포츠 전문 기자

19. 들은 내용과 일치하는 것을 고르십시오.
   ① 부상을 예방하려면 무리한 운동을 삼가는 것이 좋다.
   ② 경기에서 승리하기 위해서는 동료 선수들을 믿고 따라야 한다.
   ③ 운동을 할 때에는 무엇보다 심리적인 안정을 찾는 것이 중요하다.
   ④ 부상 당했을 때 통증을 참으면서 운동을 계속하면 선수 생명이 짧아진다.

※ [20~21] 다음은 대담입니다. 잘 듣고 물음에 답하십시오. (각 2점)

20. 이 담화 앞의 내용으로 알맞은 것을 고르십시오.
   ① 수면에 도움을 주는 음식들이 많이 있다.
   ② 성격은 여러 가지 방법으로 알아낼 수 있다.
   ③ 좋아하는 음식으로 사람의 성격을 알 수 있다.
   ④ 수면 자세와 선호하는 음식과는 깊은 관계가 있다.

21. 들은 내용으로 맞는 것을 고르십시오.
   ① 몸을 구부리고 자면 상처가 많이 생기게 된다.
   ② 걱정되는 일이 있을 때는 똑바로 누워 자는 것이 좋다.
   ③ 두 손을 옆에 붙이고 자는 사람은 활발하고 적극적이다.
   ④ 옆으로 꼿꼿하게 누워 자는 사람은 다른 사람과 잘 지낸다.

※ [22~23] 다음은 다큐멘터리입니다. 잘 듣고 물음에 답하십시오. (각 2점)

22. 한옥 내부에 바람이 잘 통하는 이유로 맞는 것을 고르십시오.

① 자연을 이용해서 공기를 깨끗하게 만들기 때문에
② 바람이 불어오는 방향이 일 년 내내 다르기 때문에
③ 일단 내부로 들어온 바람을 나가게 하지 않기 때문에
④ 곳곳에 나 있는 창과 문으로 바람이 통과할 수 있기 때문에

23. 이 이야기의 중심 내용으로 맞는 것을 고르십시오.
    ① 기후와 환경에 따라 집을 짓는 방식이 달라진다.
    ② 인공적인 장치가 없어도 바람의 방향을 바꿀 수 있다.
    ③ 자연을 잘 이용한 한옥의 구조가 건강 유지에 도움을 준다.
    ④ 집에 문과 창을 많이 낼수록 계절의 변화에 잘 대응할 수 있다.

※ [24~25] 다음은 강연입니다. 잘 듣고 물음에 답하십시오. (각 2점)

24. 들은 내용과 일치하는 것을 고르십시오.
    ① 온라인상에서 거래되는 상품들이 증가하지 않고 있다.
    ② 다섯 가지 감각을 골고루 자극하는 판매 방법이 필요하다.
    ③ 소비자는 직접적인 체험을 통해 구매를 결정하는 경향이 있다.
    ④ 시각만으로 구매를 결정할 수 있는 경우 온라인에서 많이 판매된다.

25. 남자의 태도로 가장 알맞은 것을 고르십시오.
    ① 원인을 파악하고 결과를 예측하고 있다.
    ② 단어의 정의와 뜻을 정확히 밝히고 있다.
    ③ 조사 과정에서 나타난 공통점을 제시하고 있다.
    ④ 구체적인 예를 들어 주제에 대한 이해를 돕고 있다.

TOPIK II 쓰기 (26번~29번)

※ [26~27] 다음을 읽고 ㉠과 ㉡에 들어갈 말을 각각 한 문장으로 쓰십시오. (각 10점)

26.

<모 집>

관악구 자원봉사센터에서는 예쁜 벽화를 그려 주실 자원봉사자를 모집합니다. (㉠   )? 걱정하지 마십시오. 전문가가 친절하게 도와 드립니다.

관심 있으신 분들은 관악구 자원봉사센터에 오셔서 직접 신청하시거나 (㉡   ) (전화: 02-1234-5678).

여러분의 많은 참여 부탁드립니다.

27.
> 집이 좁다고 느껴질 때는 필요 없는 물건을 버리는 것이 좋다. 그런데 (㉠   ). 언젠가 그 물건들을 쓸 것이라고 생각하기 때문이다. 하지만 나중에 보면 (㉡   ). 따라서 집이 좁다고 생각되면 과감하게 물건을 버리는 것이 필요하다.

※ [28] 다음 대회 안내문을 보고 이 대회를 설명하는 글을 200~300자로 쓰십시오. (30점)

> ### 한국대학교 한국어 말하기 대회 안내
>
> "한국어 말하기에 자신 있는 사람들은 모두 오세요."
>
> ▶ 대회 일시 : 2017년 4월 16일(일) 9:30~13:00
> ▶ 대회 장소 : 한국대학교 문화관 대강당
> ▶ 대회 내용
> • 주제 : 나의 한국 생활
> • 참가 자격 : 국내외 외국인과 재외동포
> • 시상 내역 : 대상(장학금 100만 원), 최우수상(컴퓨터) 외
>
> ※ 외국인 여러분의 적극적인 참여를 바랍니다.
>
> [출처: 서울대학교 한국어 말하기 대회 포스터]

※[29] 다음을 주제로 하여 자신의 생각을 600~700자로 글을 쓰십시오. (50점)

> 최근 동물의 생명을 존중해야 한다는 이유로 동물 실험을 하면 안 된다는 주장과 제품이 안전한지 확인하기 위해서는 동물 실험이 효율적인 방법이라는 주장이 있습니다. 동물 실험의 필요성에 대해 아래의 내용을 중심으로 자신의 생각을 쓰십시오.

- 동물 실험이 필요하다고 생각합니까?
- 그렇게 생각하는 이유는 무엇입니까? (2가지 이상 쓰시오.)

* 원고지 쓰기의 예

	집	이		좁	다	고		느	껴	질		때	는		필	요		없	는
물	건	을		버	리	는		것	이		좋	다	.		그	런	데		언	젠

제1교시 듣기, 쓰기 시험이 끝났습니다. 제2교시는 읽기 시험입니다.

実際の試験では、1時間目の「聞き取り」「書き取り」の試験終了後、2時間目の「読解」までに30分間の休憩時間があります。

模擬試験 2
2회 모의고사

TOPIK II
중급

| 2교시 | 읽기 |

- 解答用紙は巻末にあります。切り取ってお使いください。
- 正解はP.249に掲載されています。

수험번호(Registration No.)		
이름 (Name)	한국어(Korean)	
	영 어(English)	

TOPIK II 읽기 (1번~25번)

※ [1~2] (   )에 들어갈 가장 알맞은 것을 고르십시오. (각 2점)

1. 비가 올 줄 알았으면 우산을 (   ).
   ① 가져온 척했다　　　　② 가져와 버렸다
   ③ 가져온 모양이다　　　④ 가져올걸 그랬다

2. 지금은 힘들어도 한국에서 계속 (   ) 한국 생활에 익숙해질 것이다.
   ① 살더니　　　　　　　② 살더라도
   ③ 살다 보면　　　　　 ④ 살아 보니

※ [3~4] 다음 밑줄 친 부분과 의미가 비슷한 것을 고르십시오. (각 2점)

3. 학교에 <u>가는 길에</u> 편의점에 들러 우유를 살까 한다.
   ① 가는 도중에　　　　　② 가는 대신에
   ③ 가는 데다가　　　　　④ 가는 바람에

4. 누구나 자기 생각만 고집하면 주위 사람들과 사이가 <u>멀어지기 마련이다</u>.
   ① 멀어진 셈이다　　　　② 멀어지는 법이다
   ③ 멀어질 지경이다　　　④ 멀어질 리가 없다

※ [5~7] 다음은 무엇에 대한 글인지 고르십시오. (각 2점)

5.
지금 행복한 모습 그대로!
세상의 시간은 흘러도 당신의 시간은 멈추게 해 드립니다.

① 가구점　② 사진관　③ 편의점　④ 유치원

6.
하루에 30분씩 운동에 투자해 보십시오.
후회할 때는 이미 늦은 것입니다.

① 건강관리　② 병원 소개　③ 운동 순서　④ 안전 교육

7.
홈페이지에 접속하셔서 예약하십시오.
계좌에 입금하시고 택배로 받으시면 됩니다.

① 구입 방법　② 주의 사항　③ 사용 설명　④ 제품 소개

※[8~11] 다음 글 또는 도표의 내용과 같은 것을 고르십시오. (각 2점)

8.
2017 한국자동차 인턴사원 모집

- 모집 분야 : 사무직
- 지원 자격 : 대졸 이상
- 제출 서류 : 이력서, 자기소개서
- 접수 방법 : 이메일 접수(intern@hanguk.com)
- 접수 기간 : 2017년 2월 16일(목)~2017년 2월 27일(월) 17:00까지
- 전형 방법 : 1차 서류, 2차 면접

① 서류 심사를 통과하면 최종 합격한다.
② 지원자가 직접 가서 서류를 제출해야 한다.
③ 사무직 인턴사원으로 일할 사람을 구하고 있다.
④ 대학교를 졸업하지 않은 사람도 지원할 수 있다.

9.
신나는 강원도 홍창 눈꽃축제

- 날짜 : 2017년 1월 5일~2017년 1월 11일(7일간)
- 시간 : 10:00~17:00
- 전시 : 눈 조각전, 얼음 조각전, 눈사람 전시
- 체험 : 눈썰매, 얼음썰매
- 이용 요금 : 축제입장권-개인 3,000원, 20명 이상 단체 2,000원
  눈썰매/얼음썰매-각 5,000원
※ 5세 이하, 65세 이상 무료입장(입장만 무료임)

① 눈꽃축제는 홍창에서 일주일 동안 열린다.
② 오후 5시 이후에 조각전을 구경할 수 있다.
③ 65세 할아버지는 무료로 눈썰매를 탈 수 있다.
④ 5,000원을 내면 눈썰매와 얼음썰매를 둘 다 탈 수 있다.

10.

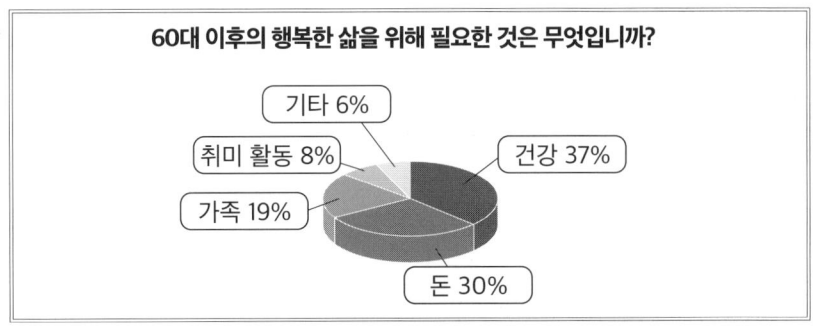

60대 이후의 행복한 삶을 위해 필요한 것은 무엇입니까?

- 건강 37%
- 돈 30%
- 가족 19%
- 취미 활동 8%
- 기타 6%

① 취미 활동을 선택한 사람이 가족을 선택한 사람보다 많다.
② 60대 이후에 행복하게 살려면 건강해야 한다는 응답이 가장 많다.
③ 돈이 많으면 60대 이후에 행복하게 살 수 있다는 응답이 가장 적다.
④ 돈이 필요하다는 응답과 가족이 필요하다는 응답을 합치면 절반이 넘는다.

11.
　　도서관을 지어 기부한 어느 회사의 이름을 도서관의 공식 명칭에 넣는 문제를 두고 논란이 뜨겁다. 한편에서는 그것이 기부자에 대한 예의라면서 국내외에서도 그러한 사례가 많다고 주장하고 있고, 다른 편에서는 도서관 명칭이 이를 지어 기부한 회사를 홍보하는 데에 이용될 수 있다고 반대하고 있다. 도서관 명칭에 대한 논란은 쉽게 가라앉지 않을 것으로 보여 이 도서관 명칭에 대한 문제는 빠른 시일 안에 해결되기 어려울 것으로 예상된다.

① 홍보를 위해 도서관을 지어 기부하는 회사가 늘고 있다.
② 도서관의 명칭에 대한 논란은 계속 될 것으로 예상된다.
③ 국내에서는 기부자의 이름을 사용한 예를 찾아보기 어렵다.
④ 기부자에 대한 예의를 지키려면 기부자의 이름을 사용하지 않는 것이 좋다.

※ [12~13] 다음을 순서대로 맞게 배열한 것을 고르십시오. (각 2점)

12.
> (가) 한국 사람들은 설날에 주로 떡국을 먹는다.
> (나) 이것은 나이를 한 살 더 먹는다는 상징적인 의미를 갖는다.
> (다) 떡국은 흰 가래떡을 얇게 썰어서 장국에 넣어 끓인 음식이다.
> (라) 그래서 나이를 물을 때 지금까지 떡국을 몇 그릇 먹었느냐고 묻기도 한다.

① (가)-(다)-(나)-(라)   ② (가)-(라)-(나)-(다)
③ (다)-(가)-(나)-(라)   ④ (다)-(나)-(라)-(가)

13.
> (가) 친구의 마음이 여간 고맙지 않았다.
> (나) 급하게 나오는 바람에 지갑을 집에 두고 온 것이다.
> (다) 친구에게 밥을 사 주기로 했는데 계산하려고 보니 지갑이 없었다.
> (라) 친구가 알면 화를 낼 줄 알았는데 화는커녕 웃으며 돈을 내 주었다.

① (가)-(나)-(다)-(라)   ② (가)-(다)-(라)-(나)
③ (다)-(가)-(나)-(라)   ④ (다)-(나)-(라)-(가)

※ [14~15] 다음을 읽고 (   )에 들어갈 내용으로 가장 알맞은 것을 고르십시오. (각 2점)

14.
> 근육은 움직임이 같은 형태로 오랫동안 반복되면 그대로 (   ) 있다. 그래서 얼굴의 표정만 봐도 그 사람의 성격이 어떤지 어느 정도 짐작할 수 있다. 화를 잘 내는 사람은 화내는 표정이 그대로 남게 되어 무서운 인상을 주지만 자주 웃는 사람은 웃는 표정이 그대로 남아 부드러운 인상을 준다.

① 굳는 특성이
② 멍드는 특성이
③ 늘어나는 특성이
④ 강해지는 특성이

15.
> 라면이 파마머리처럼 꼬불꼬불한 이유는 첫째, 직선일 때보다 봉지에 면을 더 많이 담을 수 있어서이다. 둘째, 수분이 날아갈 공간이 필요하기 때문이다. 라면을 튀길 때 라면의 꼬불꼬불한 공간 사이로 수분이 날아갈 수 있으므로 튀기는 시간을 줄일 수 있다. 마지막으로 라면이 국수처럼 (   ) 부서지기 쉬우므로 잘 부서지지 않게 하기 위해 그렇게 만든 것이다.

① 날카로운 모양이면
② 꼬불꼬불한 모양이면
③ 동그랗게 들어 있으면
④ 직선으로 되어 있으면

※ [16~17] 다음을 읽고 물음에 답하십시오. (각 2점)

> 기부를 할 때 기부 사실을 숨기는 사람이 있는가 하면 드러내는 사람도 있다. 자신이 기부한 것을 절대로 밝히고 싶어 하지 않는 사람도 있고 밝혔을 때 (   ) 사람이 있을까 봐 숨기는 사람도 있다. 반면에 기부자가 기부 사실을 알리면서 사람들의 참여를 유도하는 경우도 많다. 유명인들의 공개적인 기부 활동이 좋은 예라고 할 수 있다. 기부 문화 확산에 도움이 되는 이 같은 공개적인 기부는 바람직하다고 본다.

16. (   )에 들어갈 알맞은 것을 고르십시오.
    ① 바가지를 쓰는
    ② 피도 눈물도 없는
    ③ 색안경을 끼고 보는
    ④ 발이 손이 되도록 비는

17. 이 글의 중심 생각을 고르십시오.
    ① 유명인들이 기부 사실을 숨겨서는 안 된다.
    ② 기부 참여를 유도하기 위해 기부 사실을 알리는 것도 좋다.
    ③ 기부 사실을 밝히고 싶어 하지 않는 사람도 존중해야 한다.
    ④ 기부자가 공개적으로 기부하지 않으면 사람들의 참여를 유도할 수 없다.

※ [18~19] 다음을 읽고 물음에 답하십시오. (각 2점)

> 대학교 등록금을 벌기 위해 6개월 전부터 영화관에서 아르바이트를 했다. 그동안 열심히 일해서 동료들이나 손님들에게 칭찬을 많이 받았다. 영화관에서 아르바이트를 하니까 영화도 무료로 볼 수 있고 사람을 대하는 방법도 배울 수 있어서 좋은 것 같다. 얼마 전에 새로 아르바이트생이 들어왔다. 내가 처음 아르바이트를 시작했을 때가 생각나서 여러 가지를 가르쳐 주었는데 실수도 너무 많이 하고 일도 잘 못했다. 그래도 나는 계속 참고 있었는데 어제는 결국 화를 내고 말았다. 그 모습을 본 점장님이 웃으시면서 "개구리 올챙이 적 생각 못 한다더니 너도 처음엔 그랬어. 화내지 말고 잘 가르쳐 줘." 라고 말씀하셨다. <u>나는 얼굴이 빨개져서 아무 말도 할 수 없었다.</u>

18. 밑줄 친 부분에 나타난 나의 기분으로 알맞은 것을 고르십시오.
   ① 간이 콩알만 해졌다   ② 남의 떡이 커 보였다
   ③ 도둑이 제 발 저렸다   ④ 쥐구멍을 찾고 싶었다

19. 이 글의 내용과 같은 것을 고르십시오.
   ① '나'는 취미로 아르바이트를 시작했다.
   ② '나'는 영화관에서 돈을 안 내고 영화를 볼 수 있다.
   ③ '나'는 새 아르바이트생이 처음 봤을 때부터 싫었다.
   ④ '나'는 일을 열심히 안 해서 동료들이 좋아하지 않았다.

※ [20] 다음 글에서 <보기>의 문장이 들어가기에 가장 알맞은 곳을 고르십시오. (2점)

요즘 애완동물을 키우는 사람들이 늘어나고 있다. (㉠) 이는 1인 가구가 증가하면서 혼자 지내는 사람들이 많아져 애완동물에 대한 관심이 커진 것으로 볼 수 있다. (㉡) 이 외에 애완동물을 키우는 또 다른 이유는 없을까? (㉢) 즉 사람들은 애완동물을 키우는 과정에서 자신이 사랑받고 필요한 존재라는 느낌을 받는다는 것이다. (㉣) 이들은 애완동물이 자신을 잘 따르므로 키우고 싶은 마음이 더 커진다고 말한다.

보기

연구 결과에 의하면 애완동물을 키움으로써 자신감과 안정감을 얻을 수 있다고 한다.

① ㉠　　② ㉡　　③ ㉢　　④ ㉣

※ [21~22] 다음을 읽고 물음에 답하십시오. (각 2점)

> '윗물이 맑아야 아랫물이 맑다' 는 속담이 있다. 물이 위에서 아래로 흐르므로 윗물이 맑으면 아랫물도 당연히 맑을 것이다. 이 속담은 윗사람이 잘하면 아랫사람도 따라서 잘하게 된다는 의미로 해석될 수 있다. 자녀가 부모로부터 받는 영향을 한 예로 들 수 있다. 부모의 올바른 행동을 보고 자라는 아이들은 대부분 부모의 좋은 점을 따라 하게 된다. 이에 반해 부모의 잘못된 모습을 보고 자라는 아이들은 자신도 모르는 사이에 그런 부모를 닮아 가게 되는 경우가 많다. 부모가 자녀에게 (   ) 삶을 살아야 아이들도 부모를 따라 다른 사람에게 부끄럽지 않은 어른으로 성장하게 될 것이다.

21. 이 글의 주제로 알맞은 것을 고르십시오.
  ① 자녀는 부모를 닮으려고 노력해야 한다.
  ② 부모는 아이들 앞에서 잘못을 분명히 따져야 한다.
  ③ 아랫사람이 윗사람의 영향을 받아 잘못을 저지를 수도 있다.
  ④ 윗사람은 아랫사람에게 영향을 주므로 행동을 잘해야 한다.

22. (   )에 들어갈 내용으로 가장 알맞은 것을 고르십시오.
  ① 잘못을 꾸짖는
  ② 모범이 되는
  ③ 발전을 원하는
  ④ 사랑을 전해 주는

※ [23~25] 다음을 읽고 물음에 답하십시오. (각 2점)

> 경제 성장을 위해 노력하던 시기에는 일이 가장 가치 있는 것으로 여겨졌으며 개인이 여유 시간을 갖는 것은 사치로 생각됐다. 그 시대에는 경제 발전을 이루는 것이 가장 중요했으므로 이런 생각은 당연했다고 본다. 그러나 한국이 경제 발전을 이루고 주 5일 근무제가 실시되면서 한국인들의 여가에 대한 인식도 바뀌었다. 일하는 데에만 시간을 쓰기보다는 여가를 위해서도 시간을 써야 한다고 생각하는 사람들이 늘어난 것이다. 현대 직장인들 사이에서 (   ) 가치관이 빠르게 퍼지고 있다. 그러면서 사람들은 돈을 많이 벌지 못하거나 높은 지위에 오르지 못하더라도 시간의 여유를 누릴 수 있는 직장을 선택하게 되었다. 이들은 여가 시간을 즐겨야 일에 더 집중할 수 있고 일의 생산성과 개인의 삶의 질을 높일 수 있다고 생각한다. 이러한 가치관은 일과 여가의 균형을 이루어 가고 있다는 점에서 긍정적으로 평가할 만하다.

23. 필자가 이 글을 쓴 목적을 고르십시오.
① 한국인들의 여가 생활을 설명하기 위해
② 일하는 시간을 줄일 것을 요구하기 위해
③ 여가를 사치로 여겼던 시대를 비판하기 위해
④ 여가 시간이 필요하다는 가치관을 지지하기 위해

24. (　　　　　)에 들어갈 내용으로 가장 알맞은 것을 고르십시오.
    ① 쉬려면 일을 해야 한다는
    ② 일한 만큼 돈을 벌 수 있다는
    ③ 잘 쉬어야 일도 잘할 수 있다는
    ④ 높은 지위에 오르면 쉴 수 있다는

25. 밑줄 친 부분에 나타난 필자의 태도로 알맞은 것을 고르십시오.
    ① 여가를 즐기지 못했던 시대의 사람들을 동정하고 있다.
    ② 여유 시간을 갖지 못한 시대의 문제점을 지적하고 있다.
    ③ 여유를 사치로 여긴 시대가 바람직하다고 주장하고 있다.
    ④ 일을 가장 중요하게 여긴 시대의 가치관을 분석하고 있다.

模擬試験 2
2회 모의고사

解説

聞き取り

※ [1~3] 다음을 듣고 알맞은 그림을 고르십시오.

1. ①　②
   ③　④

問題パターン
会話を聞き、内容と一致する絵を選ぶ問題

内容把握
客である男性が、洋服店で品物を交換する際の会話である。男性が이 옷 사이즈가 좀 커서 교환하러 왔는데요と言っているので、男性が服を持ってきて店員に服を渡す様子が絵に描かれていなければならない。また、店員である女性が영수증 좀 보여 주시겠어요?と領収書を見せるように求めている。従って、2人が顔を合わせて会話している絵を選択しなければならない。

キーセンテンス
이 옷 사이즈가 좀 커서 교환하러 왔는데요.

正解　①

[1~3] 다음을 듣고 알맞은 그림을 고르십시오.
1. 남자 : 이 옷 사이즈가 좀 커서 교환하러 왔는데요.
   여자 : 네, 영수증 좀 보여 주시겠어요?
   남자 : 선물 받은 거라 영수증이 없는데 어떡하죠?

[1~3] 次を聞いて、適切な絵を選びなさい。
1. 男 : この服、サイズがちょっと大きいので交換しに来たんですが。
   女 : はい、レシートをお見せいただけますか?
   男 : プレゼントでもらったものなので、レシートはないんですがどうしましょうか?

単語と表現　二つの좀

A : 이 옷 사이즈가 좀 커서 교환하러 왔는데요.
B : 네, 영수증 좀 보여 주시겠어요?
A의 좀은 程度副詞で「少し」の意味を表し、下の例のように조금に書き換えることができるが、B의 좀은 間投詞であり要請を和らげる婉曲表現なので、조금に書き換えると不自然。

○ A : 이 옷 사이즈가 조금 커서 교환하러 왔는데요.
× B : 네, 영수증 조금 보여 주시겠어요?

2. ① ②  ③  ④

🔁 問題パターン
会話を聞き、内容と一致する絵を選ぶ問題

📖 内容把握
バスの乗客である女性が、運転手の男性にバスの路線を確認している。男性は、バスを乗り間違えているので道の反対側から乗るようにと応じている。従って、二人がバスの中にいるものを選択しなければならない。

🔑 キーセンテンス
이 버스 시청 가는 거 아니에요?

✅ **正解** ②

---

2. 여자 : 어? 아저씨, 이 버스 시청 가는 거 아니에요?
   남자 : 잘못 타셨네요. 시청 가는 건 길 건너에서 타셨어야 돼요.
   여자 : 그래요? 그럼 다음 정류장에서 내릴게요.

2. 女：あれ？ おじさん、このバス、市役所に行くんじゃないんですか？
   男：乗り間違えていますよ。市役所に行くのは道の反対側から乗らなければいけません。
   女：本当ですか？　それじゃ、次の停留所で降ります。

📋 単語と表現 -았/었어야 되다の意味

시청 가는 건 길 건너에서 타셔야 돼요.
市役所行きは道の反対側から乗らなければなりません。

시청 가는 건 길 건너에서 타셨어야 돼요.
市役所行きは道の反対側から乗らなければなりませんでした (しかし、あなたはこちら側から乗ってしまいましたね)。

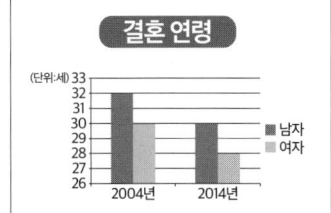

3. ① 결혼 연령 (단위:세) 2004년/2014년 — 남자/여자
② 결혼 연령 (단위:세) 2004년/2014년 — 남자/여자
③ 결혼을 미루는 이유 40% 경제적 부담 때문에 / 20% 마음에 드는 짝을 찾지 못해서 / 30% 직장 생활에 집중하고 싶어서 / 10% 기타
④ 결혼을 미루는 이유 30% 경제적 부담 때문에 / 20% 마음에 드는 짝을 찾지 못해서 / 40% 직장 생활에 집중하고 싶어서 / 10% 기타

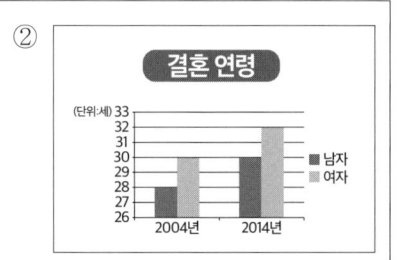

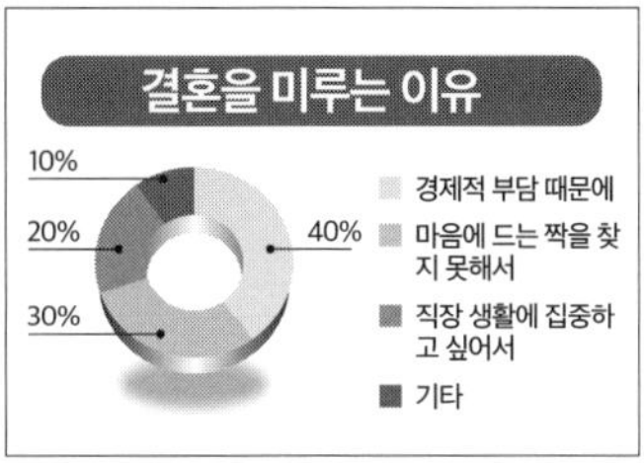

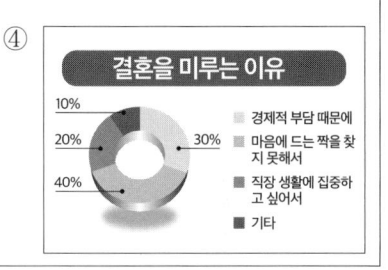

問題パターン
報道を聞き、内容と一致する図表を選ぶ問題

内容把握
結婚年齢が上がっている事実と、その理由を述べている。
棒グラフは結婚年齢の変化を表す図表である。現在は男性が32歳、女性が30歳と述べており、10年前は男性が30歳、女性が28歳と述べているので、その通りに変化しているグラフでなければならない。
円グラフは結婚を先延ばしにする理由に関する図表である。経済的負担＞気に入った相手がいない＞仕事に集中したいという順番になっているグラフでなければならない。

キーセンテンス
'경제적 부담 때문에'가 가장 높은 것으로 조사되었으며 '마음에 드는 짝을 찾지 못해서', '직장 생활에 집중하고 싶어서'가 그 뒤를 이었습니다.

正解 ③

3. 남자 : 평균 결혼 연령을 조사한 결과 남자는 32살, 여자는 30살로 10년 전에 비해 평균 2살 정도 높아진 것으로 나타났습니다. 결혼이 늦어지는 이유로는 '경제적 부담 때문에'가 가장 높은 것으로 조사되었으며 '마음에 드는 짝을 찾지 못해서', '직장 생활에 집중하고 싶어서'가 그 뒤를 이었습니다.

3. 男 : 平均結婚年齢を調査した結果、男性は32歳、女性は30歳で、10年前に比べて平均2歳ほど高くなったことが分かりました。結婚が遅れる理由としては「経済的な負担のため」が一番高いことが分かり、「気に入った相手を見つけられなくて」「仕事に集中したくて」が続きました。

単語と表現 職場に関する単語

직장 : 職場
직장인 (職場人) : サラリーマン
직장 생활 (職場 生活) : 仕事
직장 생활 하다 : 仕事する、社会人生活をする

※[4~5] 다음 대화를 잘 듣고 이어질 수 있는 말을 고르십시오.

> 4. ① 글쎄요. 두 시쯤에 괜찮아요.
> ② 그래요? 그럼 영화 보러 갈래요?
> ③ 정말요? 월요일에 시간이 있어요?
> ④ 그러네요. 저도 중요한 약속이 있어요.

🔁 問題パターン
会話を聞き、後ろに続く発言として適切なものを選ぶ問題

📖 内容把握
男性が女性と週末の約束をしようとする会話である。女性の週末のスケジュールを確認した後、男性が言いそうな発言を選ばなければならない。

🔑 キーセンテンス
특별한 약속은 없고요.

✅ 正解 ②

> [4~5] 다음 대화를 잘 듣고 이어질 수 있는 말을 고르십시오.
> 4. 남자 : 유미 씨, 혹시 이번 주말에 바빠요?
> 여자 : 특별한 약속은 없고요. 그냥 집에서 쉬려고 해요.
>
> [4~5] 次の会話をよく聞き、後ろに続く発言を選びなさい。
> 4. 男 : ユミさん、今度の週末って忙しかったりします?
> 女 : 特別な約束はないですね。ただ家で休もうかと思ってます。
>
> ① そうですね。2時くらいで大丈夫です。
> ② 本当ですか? それじゃ、映画見に行きますか?
> ③ 本当ですか? 月曜日、時間あるんですか?
> ④ そうですね。私も大切な約束があります。

📝 単語と表現　疑問形を用いた提案
何かを提案するときには、영화 보러 갈래요?のように疑問の形式を用いて相手の意向を尋ねる場合が多い。ストレートな誘いの表現を使うより相手の心理的負担を軽くする効果があると考えられる。さらに 영화 보러 가지 않을래요?のような否定の疑問にするとより丁寧になる。ただし、시

간 있어요?の否定形の시간 없어요?は使わない。

그럼 영화 보러 갈래요?　　じゃ、映画見に行きますか？
그럼 영화 보러 가지 않을래요?　　じゃ、映画見に行きませんか？ (より丁寧)

> **TR 25**
>
> 5. ① 네. 제가 한번 연락해 보겠습니다.
>   ② 네. 무엇보다 건강이 중요하니까요.
>   ③ 그럼요. 그분이 발표해 주신다고 했어요.
>   ④ 그럼요. 믿을 만한 분이니까 걱정 마세요.

問題パターン
会話を聞き、後ろに続く発言として適切なものを選ぶ問題

内容把握
新製品説明会でのプレゼン (プレゼンテーション) を予定していた人が風邪をひいてできなくなったので、代わりの人を手配しないといけない状況である。課長である男性は、ユ代理を推薦し、頼んでみるように女性に提案している。男性の提案を受けて、女性が次に言いそうな発言を選ばなければならない。

キーセンテンス
지난번 설명회에서 발표했던 유 대리한테 한번 부탁해 보지요.

✔ 正解　①

5. 여자 : 과장님, 어떡하죠? 내일 신제품 설명회에서 발표하기로 한 최우진 씨가 감기에 걸려서 목소리가 안 나온대요.
   남자 : 그거 큰일이네요. 갑자기 발표할 사람을 어디에서 구하나? 아, 지난번 설명회에서 발표했던 유 대리한테 한번 부탁해 보지요. 그때 보니까 잘하던데.

5. 女 : 課長、どうしましょう？　明日、新製品説明会でプレゼンすることにしたチェ・ウジンさんが、風邪をひいて声が出ないそうです。
   男 : それは一大事ですね。すぐにプレゼンできる人をどこから探そうか？　あ、前回の説明会でプレゼンしたユ代理に一度頼んでみたらどうでしょう。あの時見たら上手でしたよ。

① はい。私が一度連絡してみます。
② はい。何より健康が大事ですから。
③ もちろんです。あの方が発表してくださると言いました。
④ もちろんです。信じられる人ですから心配しないでください。

※[6~7] 다음 대화를 잘 듣고 여자가 이어서 할 행동으로 알맞은 것을 고르십시오.

6. ① 저녁을 먹으러 나간다.
   ② 집에서 요리를 시작한다.
   ③ 남편이 올 때까지 기다린다.
   ④ 슈퍼마켓에 들러서 장을 본다.

問題パターン
会話を聞き、登場人物が次に取りそうな行動を選ぶ問題

内容把握
妻と夫の電話での会話である。夫は밖에서 먹고 들어왔어요. 그런데 약간 배가 고파서と言って、과일이나 아이스크림 좀 사다 줘요と妻に買い物をお願いしている。妻は안 그래도 슈퍼마켓에 들르려고 했거든요という部分から、夫の話がなくてもスーパーに行くつもりだったことが分かる。

キーセンテンス
그럼 과일이나 아이스크림 좀 사다 줘요.

✔ 正解 ④

[6~7] 다음 대화를 잘 듣고 여자가 이어서 할 행동으로 알맞은 것을 고르십시오.
6. 여자 : 여보, 전데요. 이제 퇴근하려고 하는데 혹시 저녁 먹었어요?
   남자 : 네, 밖에서 먹고 들어왔어요. 그런데 약간 배가 고파서 뭐 좀 더 먹었으면 좋겠는데.
   여자 : 그럼 가는 길에 먹을 것 좀 사 갈까요? 안 그래도 슈퍼마켓에 들르려고 했거든요.
   남자 : 그럼 과일이나 아이스크림 좀 사다 줘요.
   여자 : 알겠어요. 금방 갈게요.

[6~7] 次の会話をよく聞き、女性が次に取る行動として適切なものを選びなさい。
6. 女 : あなた、私ですけど。退社しようと思うけど、夕飯食べましたか?
   男 : はい、外で食べて帰ってきました。でも、ちょっとおなかがすいてるので何かもう少し食べられたらいいんですけど。
   女 : それじゃ、帰る途中で食べる物買っていきましょうか? ちょうどスーパーに寄ろうと思ってたんです。
   男 : それじゃ、果物かアイスクリーム買ってきてください。
   女 : 分かりました。すぐに帰ります。

① 夕食を食べに外出する。
② 家で料理を始める。
③ 夫が来るまで待つ。
④ スーパーに寄って買い物する。

単語と表現

뭐 좀 더 먹었으면 좋겠는데. 何かもう少し食べられたらいいんですけど。
※日本語と韓国語で語順が違うことに注意。

안 그래도 슈퍼마켓에 들르려고 했거든요. ちょうど（直訳：そうでなくても）スーパーに寄ろうと思ってたんです。

장을 보다：買い物をする（主に食材の購入）
쇼핑하다：買い物をする（食材以外の物の購入）

7. ① 남자를 따라 체육관을 방문한다.
   ② 자신을 지도해 줄 선생님을 찾는다.
   ③ 자신에게 잘 맞는 운동을 골라 본다.
   ④ 3개월짜리 운동 프로그램을 시작한다.

問題パターン
会話を聞き、登場人物が次に取りそうな行動を選ぶ問題

内容把握
男性が、スポーツインストラクターのプライベートレッスンが気になっている女性に一緒に行ってみるかと提案している。それに対して女性が응, 좋아と返事しているので、男性と一緒にジムに行ってみるという内容の選択肢を選ぶのが自然である。

キーセンテンス
그럼 나 지금 운동하러 가는데 별일 없으면 같이 가서 볼래?

✓ 正解 ①

7. 여자 : 운동을 시작한 지 벌써 6개월이나 됐는데 효과가 별로 없는 것 같아.
   남자 : 나는 3개월 전부터 학교 체육관에서 운동하고 있는데 아주 좋아. 나만 지도해 주는 선생님이 계시거든.
   여자 : 선생님이 너만 집중해서 봐 주시면 효과가 크겠다. 사실 혼자 하면 자기가 제대로 하고 있는지 잘 모르잖아. 그런데 수업을 어떻게 하는지 궁금하다.
   남자 : 그래? 그럼 나 지금 운동하러 가는데 별일 없으면 같이 가서 볼래? 시간 괜찮아?
   여자 : 응, 좋아.

7. 女：運動を始めてもう6カ月もたつのに、効果があまりないみたい。
   男：僕は3カ月前から学校のジムで運動しているけど、とてもいいよ。僕だけを指導してくれる先生がいらっしゃるんだ。
   女：先生があなただけ集中して見てくれたら効果が大きそうね。実際、一人でやると自分がちゃんとやっているのかよく分からないじゃない。でも、レッスンをどのようにやるのか気になるわ。
   男：そう？　それじゃ、僕は今から運動しに行くけど、他に用事とかなければ一緒に行ってみる？　時間は大丈夫？
   女：うん、いいわ。

① 男性と一緒にジムを訪問する。
② 自分を指導してくれる先生を探す。
③ 自分によく合う運動を選んでみる。
④ 3カ月の運動プログラムを始める。

単語と表現　~하러 가다 (~しに行く) 、~을/를 가다 (~に行く)

運動に行く：운동하러 가다、운동을 가다　　　（✗）운동에 가다
テニスに行く：테니스하러 가다、테니스를 가다　（✗）테니스에 가다
泳ぎに行く：수영하러 가다、수영을 가다　　　（✗）수영에 가다
散歩に行く：산책하러 가다、산책을 가다　　　（✗）산책에 가다

※ [8~9] 다음 대화를 잘 듣고 내용과 일치하는 것을 고르십시오.

8. ① 식품은 소비 기한 안에 판매해야 한다.
   ② 우유는 두부보다 소비 기한이 더 길다.
   ③ 우유와 두부의 유통 기한은 차이가 없다.
   ④ 유통 기한이 지난 우유는 버리는 것이 좋다.

問題パターン
インタビューの内容を把握する問題

内容把握
男性が、食品の流通期限についてインタビューを受けている。男性によれば、流通期限とは食品を販売できる期限であり、消費期限は食品を食べられる期限であるので、二つの概念は異なる。さらに男性は、「流通期限＝食品を食べられる期限」と考えることは間違いだと述べ、食べられる食品を捨てないように呼び掛けている。

キーセンテンス
실제로 우유와 두부의 유통 기한은 모두 14일이지만 소비 기한은 각각 45일, 90일이라고 합니다.

✔ 正解 ③

[8~9] 다음 대화를 잘 듣고 내용과 일치하는 것을 고르십시오.
8. 여자 : 유통 기한이 지난 우유나 빵, 많이들 버리시지요? 하지만 이는 잘못된 상식이라고 하는데요, 맞습니까?
   남자 : 네, 유통 기한이 지났다는 이유만으로 음식을 버리는 분들이 많으시지요? 그런데 유통 기한은 식품을 판매할 수 있는 기한이기 때문에 먹을 수 있는 기한과는 다릅니다. 실제로 우유와 두부의 유통 기한은 모두 14일이지만 소비 기한은 각각 45일, 90일이라고 합니다. 그러니까 이제부터는 식품의 소비 기한을 잘 알아 두시고, 먹을 수 있는 음식을 버리는 일이 없도록 해야 할 것 같습니다.

[8~9] 次の会話をよく聞いて、内容と一致するものを選びなさい。
8. 女：流通期限が過ぎた牛乳やパン、皆さんお捨てになりますよね？　しかし、これは間違った常識とのことですが、合っていますか？
   男：はい、流通期限が過ぎているという理由だけで食べ物を捨てる方が多いですよね？　ですが、流通期限は食品を販売できる期限なので、食べることができる期限とは違います。

実際に牛乳と豆腐の流通期限は両方とも14日ですが、消費期限はそれぞれ45日、90日とのことです。ですから、今後は食品の消費期限をよく知って、食べられる食べ物を捨てることがないようにしなければいけないと思います。

① 食品は消費期限内に販売しなければならない。
② 牛乳は豆腐より消費期限が長い。
③ 牛乳と豆腐の流通期限には差がない。
④ 流通期限が過ぎた牛乳は捨てるのがいい。

9. ① 화재 때문에 가스 공급이 끊겼다.
② 난방 기구로 인한 화재가 늘고 있다.
③ 부상자가 나오고 재산 피해도 있었다.
④ 화재 발생 2시간 후 불이 완전히 꺼졌다.

問題パターン
ニュースの内容を把握する問題

内容把握
火災に関するニュースである。火災が発生した場所はソウルの住宅である。火災は2時間後に鎮火されたと述べているので、④が正答である。なお火災被害の状況として、財産に対する被害があること、死亡者や負傷者はいないこと、電気供給が3時間絶たれたことが述べられている。従って③は誤答である。①については、ガスの供給に関する言及がないため誤答である。
火災発生の原因はガス暖房であり、暖房器具の使用に気を付けなければならないと述べている。

キーセンテンス
어제 새벽 2시쯤 서울의 한 주택에서 불이 나 약 1억 5천만 원의 재산 피해를 입힌 후 2시간 만에 모두 꺼졌습니다.

正解 ④

9. 남자 : 다음은 화재 소식입니다. 어제 새벽 2시쯤 서울의 한 주택에서 불이 나 약 1억 5천만 원의 재산 피해를 입힌 후 2시간 만에 모두 꺼졌습니다. 다행히 사망자나 부상자는 없었지만 근처 주택가에 전기 공급이 약 3시간 정도 끊겨 주민들이 많은 불편을 겪었습니다. 불은 가스난로에서 처음 시작되었으며 겨울철 건조한 공기로 인해 바로 다른 방으로 옮겨 간 것으로 알려졌습니다. 겨울철 난방 기구 사용에 더욱 주의하셔야겠습니다.

9. 男：次は火災のニュースです。昨日午前2時ごろ、ソウルのある住宅から火が出て、約1億5000万ウォンの財産被害を与えた後、2時間後に鎮火しました。幸い、死亡者や負傷者はいませんでしたが、近所の住宅街への電気の供給が3時間ほど断たれ、住民が大変な不便を強いられました。火は初めガスストーブから出て、冬の乾燥した空気によってすぐに他の部屋に広がったものと判明しています。冬の暖房器具使用により注意しなければいけません。

① 火事のせいでガスの供給が断たれた。
② 暖房器具による火事が増えている。
③ 負傷者が出て、財産被害もあった。
④ 火災発生2時間後に火が完全に消えた。

※[10~11] 다음을 듣고 남자의 중심 생각을 고르십시오.

10. ①과제는 시간이 많은 주말에 하는 편이 좋다.
    ②시간을 들여 천천히 글을 써야 좋은 글이 나온다.
    ③자료를 많이 준비하지 않고는 좋은 글이 나올 수 없다.
    ④집중만 잘한다면 얼마 동안 글을 쓰느냐는 중요하지 않다.

問題パターン
男性の発言の主旨を選ぶ問題

内容把握
女性と男性が、課題の進め方について意見を交わしている。女性の意見は、いっぺんにタスクをこなすと完成度が下がるというものであり、男性の意見は、時間をたくさんかけるのが重要なのではなく集中するのが重要だというものである。
時間の長さより集中の度合いの方が重要だというのが男性の発言の主旨であることが分かる。

キーセンテンス
난 시간을 많이 들인다고 좋은 글이 나오는 건 아니라고 생각해. 중요한 건 집중이지.

✓ 正解 ④

[10~11] 다음을 듣고 남자의 중심 생각을 고르십시오.
10. 여자 : 너 한국 문화 수업 기말 과제는 다 했어?
    남자 : 아니. 주말에 하려고 아직 시작 안 했어. 자료는 다 모아 두었고.
    여자 : 뭐? 이틀 안에 10장을 다 쓴다고? 그렇게 한꺼번에 쓰면 완성도가 너무 떨어지지 않을까?
    남자 : 난 시간을 많이 들인다고 좋은 글이 나오는 건 아니라고 생각해. 중요한 건 집중이지. 오랫동안 일을 나눠서 하는 것보단 짧은 시간에 집중해서 끝내는 게 나한텐 더 잘 맞아.

[10~11] 次を聞いて、男性の発言の主旨を選びなさい。
10. 女：あなた、韓国文化の授業の期末課題は終わった？
    男：いや。週末にやろうと思ってて、まだ始めてない。資料は全部集めたけど。
    女：え？　2日以内で10枚全部書くって？　そうやっていっぺんに書いたら完成度がすごく下がるんじゃないかな？

男：僕は時間をたくさんかけたからっていい文章が出てくるわけじゃないと思う。重要なことは集中だよ。長い間仕事を分けてするより、短い時間に集中して終わらせるのが僕にはより合ってる。

① 課題は時間が多い週末にやるのがいい。
② 時間をかけてゆっくり文章を書いてこそいい文章が出る。
③ 資料はたくさん準備していないといい文章が出ない。
④ 集中さえちゃんとすればどれくらいの時間で文章を書くかは重要ではない。

単語と表現　들이다、들다を用いる表現

시간을 들이다：時間をかける　　　시간이 들다/걸리다：時間がかかる
돈을 들이다：お金をかける　　　　돈이 들다：お金がかかる
힘을 들이다：力を入れる　　　　　힘이 들다：力がいる

11. ① 취미를 공유하는 친구가 많아야 한다.
    ② 번역가가 되려면 외국어를 많이 접해야 한다.
    ③ 좋아하는 일을 하면 능력을 키울 수 있게 된다.
    ④ 멀티미디어 자료를 활용하여 언어 학습을 해야 한다.

問題パターン

男性の発言の主旨を選ぶ問題

内容把握

漫画家と翻訳家という二つの職業を兼業する男性に対し、飛び抜けた能力を2種類も持つことができたきっかけについてインタビューしている。男性は、漫画が好きで外国の漫画を楽しむことが二つの能力をどちらも身に付けるきっかけになったと話している。好きなことをすることで自然に能力が身に付くようになったというのが男性の発言の主旨であることが分かる。

キーセンテンス

제가 정말 좋아하는 일이었기 때문에 자연스럽게 두 가지 일을 모두 잘하게 된 셈이지요.

✓ 正解　③

11. 여자 : 선생님께서는 만화가이시면서 번역가로도 활동을 하고 계시는데요. 어떻게 해서 두 가지 일을 모두 잘하게 되셨는지 정말 궁금합니다.
    남자 : 저는 어렸을 때부터 만화 보는 것을 참 좋아했습니다. 그래서 같은 취미를 가진 친구들끼리 모여서 다른 나라 만화 비디오를 정말 많이 봤어요. 그때는 자막이 있는 외국 만화가 거의 없었는데, 내용을 이해하려고 하다 보니 자연스럽게 그 나라의 말을 공부하게 되었습니다. 누가 시켜서 억지로 하는 일이었다면 아마 못 했을 겁니다. 제가 정말 좋아하는 일이었기 때문에 자연스럽게 두 가지 일을 모두 잘하게 된 셈이지요.

11. 女：先生は漫画家でありながら翻訳家としても活動していらっしゃいますが、どのようにして二つの仕事が両方ともうまくできるようになったのか、本当に気になります。
    男：私は小さい頃から漫画を読むのが本当に好きでした。それで、同じ趣味を持つ友達同士集まって、他の国の漫画ビデオ（アニメ）を本当にたくさん見ました。その時は字幕のあるアニメがほとんどなかったんですが、内容を理解しようとしていたら自然とその国の言葉を勉強するようになりました。誰かにやらされて無理にやっていたら、おそらくできなかったでしょう。私が本当に好きなことだったので、自然と二つの仕事が両方とも上手になった形です。

① 趣味を共有する友達が多くなければならない。
② 翻訳家になるには外国語にたくさん接しなければならない。
③ 好きなことをすれば能力を育てられるようになる。
④ マルチメディア資料を活用して言語学習をしなければならない。

※[12~13] 다음을 듣고 물음에 답하십시오.

12. 남자의 중심 생각으로 맞는 것을 고르십시오.
① 이번 휴가에서는 구경보다 휴식이 더 필요하다.
② 자신보다 아이들을 쉬게 하는 것이 더 중요하다.
③ 여행 후 출장 계획이 있어 이번 여행을 즐겨야 한다.
④ 여행을 통해 아이들에게 많은 것을 체험하게 해야 한다.

内容把握
休暇旅行中の夫婦の会話で、旅行日程について妻と夫の意見が異なっている状況である。妻は、夫が無理をすることについて心配しているが、夫は、旅行が子どもたちにとって勉強になるものでなければならないと考えている。

問題パターン
男性の発言の主旨を選ぶ問題

問題説明
男性は、翌日の日程を取り消して休むことを提案する女性に同意せず、子どもたちのために博物館と歴史体験館に行くと主張している。女性が再度男性に休むべきだと話すが、男性は依然として **아이들한테는 이게 다 공부잖아**と言い、子どもたちにとって休暇旅行が勉強になるものにしたいと強く主張する。
従って、男性の発言の主旨は、旅行を通じて子どもたちが可能な限り多くのことを体験できるようにして、勉強になるようにしようという内容であることが分かる。

キーセンテンス
책으로 공부하는 것과는 확실히 다르니까 아이들에게 도움이 될 거야.

✓ 正解 ④

13. 들은 내용으로 맞는 것을 고르십시오.
    ① 남자는 최근에 휴가를 다녀온 적이 있다.
    ② 여자는 남편의 건강에 대해서 걱정하고 있다.
    ③ 아이들은 박물관보다 역사 체험관에 가고 싶어 한다.
    ④ 여자는 아이들이 무리해서 공부하면 안 된다고 생각한다.

問題パターン
内容を詳細に把握する問題

問題説明
女性が男性に오랜만에 휴가 받아서 온 거니까と言っているので、①は誤答である。また、子どもたちの考えは述べられていないので、③は誤答である。さらに、女性の당신 너무 무리하는 것 같아서 그래야오랜만에 휴가 받아서 온 거니까 좀 쉬기도 해야지という発言から、夫の健康を心配していることが分かる。子どもたちが無理をすることについては述べられていないので、④は誤答である。

キーセンテンス
당신 너무 무리하는 것 같아서 그래.

✔ 正解 ②

[12~13] 다음을 듣고 물음에 답하십시오.
여자 : 여보, 우리 내일은 돌아다니지 말고 그냥 쉬면 안 될까?
남자 : 내일 아이들한테 박물관 보여 주기로 했는데 그게 무슨 소리야. 박물관 보고 나서 역사 체험관에도 데려갈 거야.
여자 : 당신 너무 무리하는 것 같아서 그래. 돌아가자마자 출장도 있다면서. 오랜만에 휴가 받아서 온 거니까 좀 쉬기도 해야지. 그리고 아직 우리 애들이 역사적인 걸 이해하기에는 어리잖아.
남자 : 아이들한테는 이게 다 공부잖아. 책으로 공부하는 것과는 확실히 다르니까 아이들에게 도움이 될 거야.

[12~13] 次を聞いて、質問に答えなさい。
女 : あなた、明日は出掛けずに休んじゃ駄目?
男 : 明日は子どもたちに博物館を見せてやることにしていたのに、それはどういうことだ。博物館を見て、歴史体験館にも連れていくつもりだ。

女：あなたが無理をしてるようだから言っているのよ。帰ったらすぐ出張もあるそうじゃないの。久しぶりに休暇をもらって来たんだから、ちょっと休まないと。それと、まだうちの子たちは歴史的なことを理解するには幼いでしょ。

男：子どもたちにはこれが全部勉強じゃないか。本で勉強するのとは確実に違うから、子どもたちにとって役立つはずだ。

12. 男性の発言の主旨として適切なものを選びなさい。
① 今回の休暇では、見物より休息の方が必要だ。
② 自分より子どもたちを休ませることの方が重要だ。
③ 旅行後、出張計画があるので今回の旅行を楽しまなければならない。
④ 旅行を通じて、子どもたちに多くのことを体験させなければならない。

13. 聞いた内容として適切なものを選びなさい。
① 男性は最近、休暇で出掛けてきたことがある。
② 女性は夫の健康について心配している。
③ 子どもたちは博物館より歴史体験館に行きたがっている。
④ 女性は子どもたちが無理して勉強してはいけないと思っている。

※[14~15] 다음을 듣고 물음에 답하십시오.

14. 남자는 무엇을 하고 있는지 고르십시오.
   ① 집 짓기 봉사단의 향후 활동 계획을 설명하고 있다.
   ② 집 짓기 봉사에 참여할 자원 봉사자를 모집하고 있다.
   ③ 집 짓기 봉사 프로젝트의 성공적인 수행을 축하하고 있다.
   ④ 집 짓기 봉사 활동에 대한 지속적인 지원을 요구하고 있다.

内容把握

家の建築ボランティアグループのプロジェクトが成功裏に終わったことを祝い、感想を述べるあいさつのスピーチである。プロジェクト遂行に関わったボランティア参加者、企業に感謝の言葉を伝えている。また、今後もボランティアグループのプロジェクトは継続することを表明している。

問題パターン

男性の話から、何をしているかを選ぶ問題

問題説明

ボランティアグループのプロジェクトが終わったことを記念しており、序盤の드디어、성공적으로などの単語から男性がプロジェクト遂行の結果について肯定的に述べていることが分かる。また、ボランティア参加者と企業に感謝のあいさつを述べているのは、プロジェクトの遂行過程での苦労をねぎらっているのだと分かる。これは、お祝いの延長線上のものとして考えることができる。
従って、男性は最終的にプロジェクトの成功を祝っていることが読み取れる。

キーセンテンス

오늘 드디어 우리 '사랑의 집 짓기 봉사단'의 프로젝트가 성공적으로 마무리되었습니다.

正解 ③

15. 들은 내용으로 맞는 것을 고르십시오.
　① 다음 프로젝트는 내년 여름에 시작된다.
　② 이번 집 짓기 봉사는 여름에 진행되었다.
　③ 집 짓기 봉사는 집을 아름답게 고쳐 주는 것을 목표로 한다.
　④ '한국전자'는 다음 프로젝트에서도 지원을 하기로 되어 있다.

問題パターン
内容を詳細に把握する問題

問題説明
次のプロジェクトの開始時期についての言及はないため、①は誤答である。また最後の 어려운 주거 환경 때문에 고통받는 분들에게 따뜻하고 편히 쉴 수 있는 공간을 제공해 드리기 위한 노력という部分から、このボランティアの目標は家を美しく建てることとは関係がないことが分かるため、③は誤答である。さらに、「韓国電子」が今回のプロジェクトを支援したという内容はあるが、次回のプロジェクトも支援するかは分からないため、④は誤答である。
땀이 줄줄 흐르는 날씨 속에서도という発言から、今回のプロジェクトが行われた季節が夏であることが分かる。

キーセンテンス
가만히 있어도 땀이 줄줄 흐르는 날씨 속에서도 항상 밝은 얼굴로 작업해 주신 자원 봉사자 여러분, 정말 고맙습니다.

✓ 正解 ②

[14~15] 다음을 듣고 물음에 답하십시오.
　남자 : 오늘 드디어 우리 '사랑의 집 짓기 봉사단'의 프로젝트가 성공적으로 마무리되었습니다. 가만히 있어도 땀이 줄줄 흐르는 날씨 속에서도 항상 밝은 얼굴로 작업해 주신 자원 봉사자 여러분, 정말 고맙습니다. 여러분들이 흘리신 땀 덕분에 이렇게 훌륭한 집이 지어졌습니다. 또한 이번 프로젝트에 기술적, 금전적인 지원을 아끼지 않으신 '한국전자'에도 깊은 감사의 말씀을 드립니다. 앞으로도 우리 '사랑의 집 짓기 봉사단'은 어려운 주거 환경 때문에 고통받는 분들에게 따뜻하고 편히 쉴 수 있는 공간을 제공해 드리기 위한 노력을 멈추지 않을 것입니다.

[14~15] 次を聞いて、質問に答えなさい。

男：今日、ついにわれわれ「愛の建築ボランティアグループ」のプロジェクトが成功裏に終わりました。じっとしていても汗が流れる天気の中でも、常に明るい顔で作業してくれたボランティアの皆さん、本当にありがとうございます。皆さんが流した汗のおかげで、このように素晴らしい家が建ちました。また、今回のプロジェクトに技術的、金銭的な支援を惜しまなかった「韓国電子」にも深い感謝の言葉を贈ります。これからもわれわれ「愛の建築ボランティアグループ」は、厳しい住居環境のせいで苦しんでいる方々に暖かくゆっくり過ごせる空間を提供するための努力を怠りません。

14. 男性が何をしているのか選びなさい。
① 建築ボランティアグループの今後の活動計画を説明している。
② 建築ボランティアグループに参加するボランティアメンバーを募集している。
③ 建築ボランティアプロジェクトの成功を祝っている。
④ 建築ボランティア活動に対する持続的な支援を要求している。

15. 聞いた内容として適切なものを選びなさい。
① 次のプロジェクトは来年夏に始まる。
② 今回の建築ボランティアは夏に進められた。
③ 建築ボランティアは家を美しく修復してあげることを目標にしている。
④ 「韓国電子」は次のプロジェクトでも支援することになっている。

単語と表現 -(으)ㄹ 것이다の用法

① 話し手に関する事柄：話し手の「意志」を表す
우리는 편히 쉴 수 있는 공간을 제공하기 위한 노력을 멈추지 않을 것입니다.
私たちはゆっくり過ごせる空間を提供するための努力を続けます。

② 第三者に関する事柄：話し手の「推測・予測」を表す
이번 주 남부지방은 천둥번개와 비가 계속될 것입니다.
今週、南部地方は雷雨が続くでしょう。

※[16~17] 다음을 듣고 물음에 답하십시오.

16. 여자가 남자에게 말하는 의도를 고르십시오.
① 터널 공사를 중단해 줄 것을 부탁하기 위해
② 터널 건설의 기대 효과에 대해 설명하기 위해
③ 터널 건설에 대한 자신의 의견을 주장하기 위해
④ 터널 공사 반대 시위에 참여할 것을 요청하기 위해

内容把握

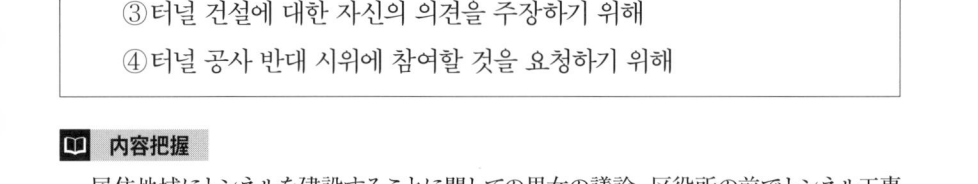

居住地域にトンネルを建設することに関しての男女の議論。区役所の前でトンネル工事に反対するデモを目撃した女性が工事に対する自分の考えから会話を始め、二人がお互いに相反する意見を述べている。女性の意見は、トンネルを造ると環境が破壊されて動物のすみかがなくなり、自動車の排ガスのせいで大気汚染もひどくなるため、長期的に見るとトンネルを造るのは良くないというものである。一方、男性の意見は、トンネルを造ると通勤時間に道が混まなくなり、交通渋滞が減るので、環境破壊という否定的な側面があるものの交通渋滞の解消のためには必要な工事であるというものである。

問題パターン

女性の話の意図を選ぶ問題

問題説明

女性は人々の反対にもかかわらずトンネル工事が推進されるのが理解できないという考えを述べている。男性がトンネル工事の肯定的な側面について言及すると、これに反論するために女性はトンネル工事の否定的な側面について話している。
従って、女性はトンネル建設に反対する意見を主張していると言える。

キーセンテンス

출퇴근 시간 좀 줄이자고 환경을 파괴하는 건 말도 안 돼.

正解 ③

17. 들은 내용으로 맞는 것을 고르십시오.
   ① 매연 때문에 동물들이 살 곳이 없어진다.
   ② 이 지역은 현재 출퇴근길이 매우 복잡하다.
   ③ 이 지역은 점점 대기 오염이 심해지고 있다.
   ④ 장기적으로 볼 때 터널 공사가 꼭 필요하다.

問題パターン
内容を詳細に把握する問題

問題説明
動物のすみかがなくなるのは排ガスのためではなく、山に穴を開けてトンネルが造られることが原因とあるので、①は誤答である。また、トンネルを造ることになると大気汚染がひどくなるだろうという言及はあるが、今現在大気汚染がひどいという言及はないため、③は誤答である。女性の장기적으로 볼 때 뭐가 더 중요한지 생각해야지という最後の発言は、長期的に見ると環境破壊をしないことがより重要だということを意味する。トンネル工事をしないことによってこれが可能になるので、④は誤答である。
男性がトンネル工事の肯定的な側面として交通渋滞の解消について話していることから、この地域は通勤時間帯は混雑していると推測できる。매일 이렇게 심하게 막히는 걸という男性の言葉から、現在の状況がはっきりと分かる。

キーセンテンス
출퇴근 시간에 길이 훨씬 덜 막힐 거래.

✓ 正解 ②

[16~17] 다음을 듣고 물음에 답하십시오.
여자 : 구청 앞에서 터널 공사 반대 시위하는 거 봤어? 반대하는 사람들이 저렇게 많은데 왜 굳이 터널을 만들려는 건지 모르겠어.
남자 : 신문에서 봤는데 우리 지역에 터널을 만들면 출퇴근 시간에 길이 훨씬 덜 막힐 거래.
여자 : 하지만 터널을 만들면 환경이 파괴될 수밖에 없잖아. 산을 뚫게 되니 동물들이 살 곳을 잃을 거고. 터널에서 나오는 자동차 매연 때문에 대기 오염도 심해질 거야.
남자 : 그건 그런데, 그렇다고 매일 이렇게 심하게 막히는 걸 그냥 둘 수도 없는 거잖아.
여자 : 출퇴근 시간 좀 줄이자고 환경을 파괴하는 건 말도 안 돼. 장기적으로 볼 때 뭐가 더 중요한지 생각해야지.

[16~17] 次を聞いて、質問に答えなさい。

女：区役所前でトンネル工事反対デモしてるの見た？ 反対する人があんなに多いのに、どうして無理にトンネルを造ろうとするのか分からないわ。

男：新聞で見たけど、うちの地域にトンネルを造ると、通勤の時間帯に道がかなり混まなくなるだろうって。

女：だけど、トンネルを造ると環境が破壊されるしかないじゃない。山に穴を開けることになるから動物たちが住む場所を失うだろうし。トンネルから出る自動車の排ガスのせいで大気汚染もひどくなるわ。

男：それはそうだけど、だからって毎日こんなにひどく渋滞するのをそのままにしておけないじゃないか。

女：通勤時間を少し短くしようと環境を破壊するのはあり得ないわ。長期的に見たとき、何がより重要か考えないと。

16. 女性が男性に話している意図を選びなさい。
① トンネル工事を中断してあげることを頼むため
② トンネル建設の期待効果について説明するため
③ トンネル建設について自分の意見を主張するため
④ トンネル工事反対デモに参加することを要請するため

17. 聞いた内容として適切なものを選びなさい。
① 排ガスのため動物たちのすみかがなくなる。
② この地域は現在、通勤時間帯に道がとても混んでいる。
③ この地域はだんだん大気汚染がひどくなっている。
④ 長期的に見たとき、トンネル工事が必ず必要だ。

単語と表現

구청 (区庁)：区役所
시위 (示威)：デモ
길이 막히다：道が混む（道がつかえる）
정체 (停滞)：渋滞
매연 (煤煙)：排ガス
출퇴근 시간 (出退勤時間)：通勤時間、通勤時間帯
말도 안 돼：とても話にならない、あり得ない

※ [18~19] 다음은 인터뷰입니다. 잘 듣고 물음에 답하십시오.

18. 남자는 누구인지 고르십시오.
    ① 의사
    ② 대학 교수
    ③ 상담 전문가
    ④ 스포츠 전문 기자

📖 内容把握

国家代表チーム担当の主治医と記者のインタビュー放送である。記者である女性の発言を通じて、男性が国家代表選手団と仕事をしてきたことが分かり、続く男性の発言で治療する役割を担っていることが分かる。女性は、仕事で最も大変なのはいつかと男性にインタビューしており、男性はこれについて返事をしている。男性は、最も大変なのは選手が試合の最中に負傷した時に試合を続けても大丈夫かという「決定」を下すことだと述べている。このような決定は現在プレー中の試合の結果に影響を及ぼし、長期的には選手たちの経歴と選手生活にも影響を与えるので、男性にとって重荷ではあるが、自分の決定を信じて従ってくれた選手たちがありがたいと述べている。

🔄 問題パターン

インタビューを聞き、情報を把握する問題

ℹ️ 問題説明

男性の職業を選ぶ問題である。男性が自分の役割について述べたことは、治療する 것と、부상 당한 선수가 계속 경기에 참가할 수 있는 상태인지 아닌지를 냉정하게 판단하고 조언하는 것である。このうち最も重要な役割として「治療する」ことを挙げているので、男性の職業は医者であると類推できる。

🔑 キーセンテンス

부상을 치료하는 것이 저의 가장 큰 임무지만, 부상 당한 선수가 계속 경기에 참가할 수 있는 상태인지 아닌지를 냉정하게 판단하고 조언하는 것도 제게 맡겨진 중요한 역할입니다.

✔ 正解 ①

19. 들은 내용과 일치하는 것을 고르십시오.

① 부상을 예방하려면 무리한 운동을 삼가는 것이 좋다.

② 경기에서 승리하기 위해서는 동료 선수들을 믿고 따라야 한다.

③ 운동을 할 때에는 무엇보다 심리적인 안정을 찾는 것이 중요하다.

④ 부상 당했을 때 통증을 참으면서 운동을 계속하면 선수 생명이 짧아진다.

🔁 問題パターン
内容を詳細に把握する問題

❗ 問題説明
負傷を予防することについての言及はないので、①は誤答である。また、選手たちが医者の決定を信じて従うという内容はあるが、同僚を信じるべきだという内容はないので、②は誤答である。運動をするときに心理的に安定するとよいという内容は常識的には理にかなっているが、インタビューでは扱われていないので、③は誤答である。**완전히 치료되지 않은 상태에서 무리해서 운동을 계속하게 되면 선수 생활을 길게 못 할 수도 있다**という部分は、負傷したにもかかわらず痛みを我慢して運動を継続したときの問題と捉えることができる。

🔑 キーセンテンス
완전히 치료되지 않은 상태에서 참고 무리해서 운동을 계속하게 되면 선수 생활을 길게 못 할 수도 있고요.

✅ 正解 ④

[18~19] 다음은 인터뷰입니다. 잘 듣고 물음에 답하십시오.

여자 : 박사님, 오랜만에 뵙습니다. 박사님과 제가 국가 대표 선수단과 함께 일해 온 것이 벌써 10년째인데요. 가장 어려울 때가 어떤 때인지요?

남자 : 선수들이 경기 중에 부상을 당했을 때입니다. 기자님도 글을 쓰면서 어떤 결정을 내려야 하면 참 힘드시지요? 물론 부상을 치료하는 것이 저의 가장 큰 임무지만, 부상당한 선수가 계속 경기에 참가할 수 있는 상태인지 아닌지를 냉정하게 판단하고 조언하는 것도 제게 맡겨진 중요한 역할입니다. 결정적인 순간에 선수가 경기를 계속하지 못하면 그 선수의 경력은 물론 팀의 승리에도 좋지 않은 결과를 가져오게 되지요. 그렇다고 완전히 치료되지 않은 상태에서 참고 무리해서 운동을 계속하게 되면

선수 생활을 길게 못 할 수도 있고요. 저의 판단 때문에 운동을 못하게 돼서 속상해하는 선수들을 보면 마음이 참 아픕니다. 그래도 제 결정을 믿고 따라 준 선수들이 참 고맙습니다.

[18~19] 次はインタビューです。よく聞いて、質問に答えなさい。

女：博士、お久しぶりです。博士と私が国家代表選手団と一緒に仕事をしてきてもう10年目ですが。一番難しいのはどういうときですか？

男：選手が試合中に負傷したときです。記者さんも文章を書いていて何か決定を下さなければならないとなるととてもつらいでしょう？　もちろんけがを治療するのが私の一番大きな任務ですが、けがした選手が試合に出続けられる状態かどうかを冷静に判断してアドバイスするのも私に課された重要な役割です。決定的な瞬間に選手が試合を続けられなければ、その選手のキャリアはもちろん、チームの勝利にも良くない結果をもたらすことになります。だからといって、完全に治っていない状態で我慢して無理して運動を続けることになると、選手生活を縮めることもありますし。私の判断のせいで運動ができなくなって悲しむ選手たちを見ると、胸がとても痛いです。それでも、私の決定を信じて従ってくれた選手たちがとてもありがたいです。

18. 男性が誰なのか選びなさい。
① 医者　　　　　　　　　　　② 大学教授
③ カウンセラー　　　　　　　④ スポーツ専門記者

19. 聞いた内容と一致するものを選びなさい。
① けがを予防するには無理な運動を控えるのがいい。
② 試合で勝利するためには、同僚の選手を信じて従わなければならない。
③ 運動をするときは、何より心理的な安定を確保することが重要だ。
④ けがしたとき、痛みをこらえながら運動を続けると、選手生命が短くなる。

単語と表現　-(으)ㄹ 수 있다の用法

① 能力
그는 한글로 자기 이름을 쓸 수 있다.
彼はハングルで自分の名前を書くことができる。

② 可能性
갑자기 날씨가 나빠지면 운항이 취소될 수 있다.
急に天候が悪くなると運航がキャンセルされることもある。

선수 생활을 길게 못 할 수도 있다.
選手生活を縮めることもある。

※ [20~21] 다음은 대담입니다. 잘 듣고 물음에 답하십시오.

20. 이 담화 앞의 내용으로 알맞은 것을 고르십시오.
① 수면에 도움을 주는 음식들이 많이 있다.
② 성격은 여러 가지 방법으로 알아낼 수 있다.
③ 좋아하는 음식으로 사람의 성격을 알 수 있다.
④ 수면 자세와 선호하는 음식과는 깊은 관계가 있다.

内容把握

睡眠の姿勢で人の性格を予測することができるという内容を対談形式で話している。聞き手の女性が、食事以外に性格を知ることができる方法をもう一つ紹介してくれるよう求めたところ、男性は잠을 잘 때의 자세がその候補となり得ると話している。ある研究結果を基に、何種類かの睡眠姿勢とそれに基づいた性格を紹介し、自分の言葉の裏付けをしている。

・両腕を横に付けてあおむけになって真っすぐな姿勢で寝る人：静かで内気な人。
・エビのように体を曲げて寝る人：敏感で臆病な人。
・棒のように真っすぐ横を向いて寝る人：楽天的で対人関係が円満な人。

問題パターン

対談を聞き、情報を把握する問題

問題説明

現在行われている会話の前にどのような話がやりとりされたのかを推測しなければならない。女性が本格的に質問をする前に、直前でどのような話が交わされたのかを整理する。女性の発言で、어떤 음식을 선호하는지를 알면 그 사람의 성격을 예측할 수 있다고 하셨는데というものがあるので、好きな食事から性格を知ることができるという話が直前にあったことが分かる。

キーセンテンス

조금 전에 어떤 음식을 선호하는지를 알면 그 사람의 성격을 예측할 수 있다고 하셨는데,

✓ 正解 ③

21. 들은 내용으로 맞는 것을 고르십시오.
   ① 몸을 구부리고 자면 상처가 많이 생기게 된다.
   ② 걱정되는 일이 있을 때는 똑바로 누워 자는 것이 좋다.
   ③ 두 손을 옆에 붙이고 자는 사람은 활발하고 적극적이다.
   ④ 옆으로 꼿꼿하게 누워 자는 사람은 다른 사람과 잘 지낸다.

問題パターン
対談の内容を詳細に把握する問題

問題説明
体を曲げて寝る人はたくさん傷ついている性格かもしれないが、物理的に傷がたくさんできるわけではないので、①は誤答である。また、真っすぐ横を向いて寝る人は心配事がない人であるという内容はあるが、心配事があるときにこのようにして寝るとよいという内容はないので、②は誤答である。両腕を横に付けて寝る人は**조용하고 내성적**なので、③は誤答である。横を向いて真っすぐ寝る人は**주변 사람들과 잘 어울리는 사람**であり、これは他人とうまくやっていけることを意味している。

キーセンテンス
옆으로 누워서 자지만 막대기처럼 꼿꼿하게 자는 사람은 모든 일에 걱정이 없고 주변 사람들과 잘 어울리는 사람이라고 합니다.

✓ 正解 ④

[20~21] 다음은 대담입니다. 잘 듣고 물음에 답하십시오.
여자 : 박사님, 조금 전에 어떤 음식을 선호하는지를 알면 그 사람의 성격을 예측할 수 있다고 하셨는데, 혹시 성격을 알 수 있는 방법이 또 있나요?
남자 : 네, 있습니다. 잠을 잘 때의 자세인데요. 한 학자가 잠자는 자세와 성격 사이의 관계에 대한 연구를 진행하였다고 합니다. 연구에 따르면 두 손을 옆에 딱 붙인 채 똑바로 누워 자는 사람은 보통 조용하고 내성적이라고 하고요. 새우처럼 옆으로 몸을 구부리고 자는 사람은 예민한 사람이고 작은 일에도 상처를 잘 받는다고 합니다. 반면 옆으로 누워서 자지만 막대기처럼 꼿꼿하게 자는 사람은 모든 일에 걱정이 없고 주변 사람들과 잘 어울리는 사람이라고 합니다.

[20~21] 次は対談です。よく聞いて、質問に答えなさい。

女：博士、先ほどの食べ物を好むかを知ればその人の性格を予測できるとおっしゃいましたが、性格を知ることができる方法というのは他にもあったりしますか？

男：はい、あります。眠るときの姿勢なんですが。ある学者が眠る姿勢と性格の間の関係について研究を進めたそうです。研究によると、両手を横にぴったり付けたまま真っすぐあおむけになって寝る人は普通静かで内向きだそうです。エビのように横に体を曲げて寝る人はデリケートな人で、小さなことでもよく傷つくそうです。一方、横向きに横たわるけど棒のように真っすぐに寝る人は全てのことに心配なく、周りの人とうまくやっていける人だそうです。

20. この対談の直前の内容として適切なものを選びなさい。
   ① 睡眠に役立つ食べ物がたくさんある。
   ② 性格はいろいろな方法で知ることができる。
   ③ 好きな食べ物で人の性格を知ることができる。
   ④ 寝るときの姿勢と好きな食べ物とは深い関係がある。

21. 聞いた内容として適切なものを選びなさい。
   ① 体を曲げて寝ると傷がたくさんできることになる。
   ② 心配なことがあるときは真っすぐあおむけになって寝るのがいい。
   ③ 両手を横に付けて寝る人は活発で積極的だ。
   ④ 横向きに真っすぐ横たわって寝る人は他の人とうまく過ごす。

※ [22~23] 다음은 다큐멘터리입니다. 잘 듣고 물음에 답하십시오.

22. 한옥 내부에 바람이 잘 통하는 이유로 맞는 것을 고르십시오.
   ① 자연을 이용해서 공기를 깨끗하게 만들기 때문에
   ② 바람이 불어오는 방향이 일 년 내내 다르기 때문에
   ③ 일단 내부로 들어온 바람을 나가게 하지 않기 때문에
   ④ 곳곳에 나 있는 창과 문으로 바람이 통과할 수 있기 때문에

📖 内容把握

人工的な装置なしに自然をそのまま利用して風を通す伝統家屋の構造と、その長所を探求するドキュメンタリーである。代表的な例として安東河回村の伝統家屋の様子を視聴者に見せ、扉と窓があちこちに存在する伝統家屋の特徴を紹介している。このような家屋の構造は、風通しを円滑にする目的がある。その理由は、四方から風が入ることと、家の内部で風が移動できることである。伝統家屋ではこのような風通しの構造が人工的な装置なしに実現しているので、人の健康に良い影響を与える。

🔄 問題パターン

ドキュメンタリーの内容を詳細に把握する問題

ℹ️ 問題説明

韓国の伝統家屋に風がよく通る理由は、どの方向の扉が開いているかによってどの部屋に風が通るかが決まるためである。これが可能なのは扉と窓の位置が理由であり、**방과 방 사이에도 많이 있죠**と述べられている。従って、扉と窓がたくさんあり、これが風の移動する道になるという内容の選択肢が正解である。

🔑 キーセンテンス

한국은 계절에 따라 바람의 방향이 다른데 이렇게 창문이 많이 나 있으면 바람이 사방에서 들어올 수 있습니다.

✔ 正解 ④

23. 이 이야기의 중심 내용으로 맞는 것을 고르십시오.

① 기후와 환경에 따라 집을 짓는 방식이 달라진다.

② 인공적인 장치가 없어도 바람의 방향을 바꿀 수 있다.

③ 자연을 잘 이용한 한옥의 구조가 건강 유지에 도움을 준다.

④ 집에 문과 창을 많이 낼수록 계절의 변화에 잘 대응할 수 있다.

問題パターン
ドキュメンタリーの主旨を選ぶ問題

問題説明
ドキュメンタリーでは韓国の伝統家屋の扉と窓があちこちに存在する構造が詳細に紹介されており、これが人の健康に良い影響を与えるという内容へとつながっている。人工的な装置なしに、窓と扉だけで風の通る道ができているという点が特に強調されているので、ドキュメンタリーの主旨としては、伝統家屋の構造が健康に良い影響を与え、これが人工的な方法によるものではないという内容の選択肢が正解である。

キーセンテンス
이렇게 바람이 잘 통하는 구조는 사람의 건강에도 긍정적인 영향을 준다고 하는데요.

✓ 正解 ③

[22~23] 다음은 다큐멘터리입니다. 잘 듣고 물음에 답하십시오.

여자 : 한국 전통 주택인 한옥에 가 보면 한 가지 중요한 특징을 관찰할 수 있는데요. 바로 문이나 창이 곳곳에 나 있다는 것입니다. 여기 보시는 안동 하회마을 한옥도 그렇습니다. 문과 창이 밖을 향해서도 나 있고 방과 방 사이에도 많이 있지요.
그럼 왜 이렇게 문과 창이 많은 걸까요? 한국은 계절에 따라 바람의 방향이 다른데 이렇게 창문이 많이 나 있으면 바람이 사방에서 들어올 수 있습니다.
일단 문으로 들어온 바람은 방 안에 있는 문을 통해 또 다른 방으로 이동하게 됩니다. 왼쪽 문을 열어 두면 왼쪽 방으로, 오른쪽 문을 열어 두면 오른쪽 방으로 말입니다. 인공적인 장치 없이 위치와 개수만으로 바람을 조절하는 과학적인 구조를 가진 것이지요. 이렇게 바람이 잘 통하는 구조는 사람의 건강에도 긍정적인 영향을 준다고 하는데요. 한옥에 사는 사람이 건강하게 오래 사는 경우가 많던데 그게 우연이 아니었던 것 같습니다.

[22~23] 次はドキュメンタリーです。よく聞いて、質問に答えなさい。

女：韓国の伝統的な住居である韓屋に行ってみると、一つ重要な特徴を観察できます。それは扉や窓が所々にあるということです。ここ、ご覧になっている安東河回村の韓屋もそうです。扉や窓が、外に向けてもあり、部屋と部屋の間にもたくさんあります。
　　それでは、どうしてこんなに扉と窓がたくさんあるのでしょうか？ 韓国は季節によって風の方向が違いますが、このように窓がたくさんあると、風が四方から入ってくることができます。一度扉から入った風は、部屋の中にある扉を通って別の部屋に移動することになります。左側の扉を開けておけば左側の部屋に、右側の扉を開けておけば右側の部屋にです。人工的な装置なしに、位置と個数だけで風を調節する科学的な構造を持っているのです。このように風がよく通る構造は、人の健康にもいい影響を与えるそうです。韓屋に住む人は健康に長く生きることが多いそうですが、それは偶然ではなかったようです。

22. 韓屋内部に風がよく通る理由として適切なものを選びなさい。
　① 自然を利用して空気をきれいにするため
　② 風が吹いてくる方向が1年中違うため
　③ 一度内部に入ってきた風を出さないようにするため
　④ 所々にある窓と扉から、風が通り抜けることができるため

23. この話の主旨として適切なものを選びなさい。
　① 気候と環境によって家を建てる方式が変わる。
　② 人工的な装置がなくても風の方向を変えられる。
　③ 自然をうまく利用した韓屋の構造が健康維持に役立つ。
　④ 家に扉と窓をたくさん作るほど、季節の変化にうまく対応できる。

※ [24~25] 다음은 강연입니다. 잘 듣고 물음에 답하십시오.

> 24. 들은 내용과 일치하는 것을 고르십시오.
> ① 온라인상에서 거래되는 상품들이 증가하지 않고 있다.
> ② 다섯 가지 감각을 골고루 자극하는 판매 방법이 필요하다.
> ③ 소비자는 직접적인 체험을 통해 구매를 결정하는 경향이 있다.
> ④ 시각만으로 구매를 결정할 수 있는 경우 온라인에서 많이 판매된다.

内容把握

オンライン販売でよく売れる商品の共通点についての講演である。商品の販売は大きく分けて、オンライン販売とオフライン販売、すなわち販売者と購入者間の直接対面が必要なくインターネット上で取引されるものと、直接対面を通して取引されるものとがある。現代ではオンライン販売が一般的になったが、全ての商品がオンラインでよく売れるわけではなく、ある特性を持ったものだけよく売れるという内容で講演が始まる。オンラインでよく売れる商品は、五感のうち視覚と聴覚で購入を決定できる商品（本、CDなど）で、オフラインでよく売れる商品は、五感のうち触覚、味覚、嗅覚で購入を決定する商品（万年筆、香水など）である。

問題パターン
講演の内容を詳細に把握する問題

問題説明
オンラインで物を買うことが広まったという内容から、過去と比較してオンラインの取引量は増加したことが分かるので、①は誤答である。また、オンライン取引が選ばれるか否かは、商品が五感のどれを刺激するかと関係があるのであり、五感を全て刺激する販売方法が求められているわけではないので、②は誤答である。商品の種類によっては直接体験を通すオフライン販売が好まれることがあるとは述べられているが、消費者が購入の決定に際して常に直接経験を重視する傾向にあるとは述べられていないので、③は誤答である。
視覚と聴覚だけで購入を決定することができる商品はオンライン販売でよく売れるという内容が述べられている。

🔑 キーセンテンス

시각이나 청각만을 사용해서 구매를 결정할 수 있는 상품들은 상대적으로 온라인상에서 쉽게 팔리는 반면에 직접 만져 봐야 하는 것 또는 맛을 보거나 냄새를 맡아 봐야 하는 상품들은 그렇지 않습니다.

✓ 正解 ④

---

25. 남자의 태도로 가장 알맞은 것을 고르십시오.
  ① 원인을 파악하고 결과를 예측하고 있다.
  ② 단어의 정의와 뜻을 정확히 밝히고 있다.
  ③ 조사 과정에서 나타난 공통점을 제시하고 있다.
  ④ 구체적인 예를 들어 주제에 대한 이해를 돕고 있다.

🔁 問題パターン
テーマを正確に伝えるために話者がとった講演の進め方を選ぶ問題

❗ 問題説明
本講演はオンラインでよく売れる商品とそうでない商品の特徴についての内容であるが、本、CD、万年筆、香水のような具体的な例を通じてテーマがより効果的に伝達されている。

🔑 キーセンテンス
책이나 시디처럼 시각과 청각을 이용하는 상품들은 온라인상에서 거래되는 비율이 늘고 있는 반면 만년필이나 향수처럼 직접 사용해 보지 않으면 구매를 결정하기 어려운 상품은 아무리 인터넷이 발달한다 하더라도 온라인 구매율이 크게 증가하지 않는 것이지요.

✓ 正解 ④

[24~25] 다음은 강연입니다. 잘 듣고 물음에 답하십시오.

남자 : 과거에는 물건을 사려면 반드시 물건을 판매하는 장소에 직접 가야 했습니다. 그러나 인터넷이 발달하면서 이제는 온라인으로 물건을 사는 일이 흔해졌지요. 재미있는 것은 온라인상에서 잘 팔리는 물건들은 공통점이 있다는 것입니다. 바로 인간의 다섯 가지 감각 중에서 눈과 귀를 자극한다는 것인데요. 시각이나 청각만을 사용해서 구매를 결정할 수 있는 상품들은 상대적으로 온라인상에서 쉽게 팔리는 반면에 직접 만져 봐야 하는 것 또는 맛을 보거나 냄새를 맡아 봐야 하는 상품들은 그렇지 않습니다. 책이나 시디처럼 시각과 청각을 이용하는 상품들은 온라인상에서 거래되는 비율이 늘고 있는 반면 만년필이나 향수처럼 직접 사용해 보지 않으면 구매를 결정하기 어려운 상품은 아무리 인터넷이 발달한다 하더라도 온라인 구매율이 크게 증가하지 않는 것이지요.

[24~25] 次は講演です。よく聞いて、質問に答えなさい。

男：過去には品物を買うには必ず品物を販売する場所に直接行かなければなりませんでした。しかし、インターネットが発達して、今ではオンラインで品物を買うのが当たり前になりましたね。面白いのは、オンライン上でよく売れる品物は共通点があるということです。それは、人間の五つの感覚のうち、目と耳を刺激するということです。視覚や聴覚だけを使って購買を決定できる商品は相対的にオンライン上で簡単に売れる一方、じかに触ってみなければならない物、または味見するとか匂いをかぐとかしなければならない商品はそうではありません。本やCDのように視覚と聴覚を利用する商品はオンライン上で取引される比率が増えている反面、万年筆や香水のように直接使ってみないと購買を決めるのが難しい商品は、いくらインターネットが発達したとしても、オンライン購買率が大きく増加しないでしょう。

24. 聞いた内容と一致するものを選びなさい。
   ① オンライン上で取引される商品が増加していない。
   ② 五感を均等に刺激する販売方法が必要だ。
   ③ 消費者は直接的な体験を通じて購買を決める傾向がある。
   ④ 視覚だけで購買を決定できる場合、オンライン上でたくさん売れる。

25. 男性の態度として最も適切なものを選びなさい。
   ① 原因を把握して結果を予測している。
   ② 単語の定義と意味を正確に明らかにしている。
   ③ 調査過程で現れた共通点を提示している。
   ④ 具体的な例を挙げてテーマに対する理解を助けている。

書き取り

※[26~27] 다음을 읽고 ㉠과 ㉡에 들어갈 말을 <u>각각 한 문장</u>으로 쓰십시오.

26.

〈모 집〉

관악구 자원봉사센터에서는 예쁜 벽화를 그려 주실 자원봉사자를 모집합니다. (㉠   )? 걱정하지 마십시오. 전문가가 친절하게 도와 드립니다.

관심 있으신 분들은 관악구 자원봉사센터에 오셔서 직접 신청하시거나 (㉡   )(전화:02-1234-5678).

여러분의 많은 참여 부탁드립니다.

🔁 問題パターン
日常生活で使用される文章を読み、空欄に入る言葉をそれぞれ一つの文で書く。中級レベルの語彙と文法を使用して空欄に入る内容を表現する必要がある。

📖 内容把握
チラシで壁画を描くボランティア参加者を募集している。

☕ 作文の戦略
㉠모집、**자원봉사**などの部分から、ボランティアの募集であることが読み取れる。空欄の直後には疑問符が付いているが、さらにその後に**걱정하지 마십시오**と続くことから、この募集を読んでいる人たちへの問い掛けが入ると考えるのが自然である。さまざまな内容が考えられるが、心配しないようにという内容が続くので、経験がなかったり技術がなかったりして自信を持てない人たちに向けた問い掛けを入れればよい。
㉡空欄の前にある内容は、ボランティアセンターを直接訪ねて申請する方法に関するものである。この内容が、語尾の-거나によって後ろの空欄とつながっている。-거나は選択を表す語尾なので、「直接訪ねるか、または」という第2の選択肢を提示していることが分かる。空欄の後には電話番号が続くので、直接訪ねる以外の方法として、電話をかけて申請する方法があると述べていると考えるのが自然である。

語彙·文法

初めて　처음
~したことがない　-(으)ㄴ 적이 없다
自信がない　자신이 없다
~で　~(으)로
申し込み　신청

申請　신청
連絡　연락
~するようお願い致します　-기 바랍니다
~ができます　-(으)ㄹ 수 있습니다

解答例

㉠ 그림이 처음이십니까
　 그림에 자신이 없으십니까
　 벽화를 그려 본 적이 없으십니까
㉡ 전화로 연락 주시기 바랍니다
　 전화로 신청하실 수 있습니다

[26-27] 次を読み、㉠と㉡に入る言葉をそれぞれ1文で書きなさい。

26.　　　　　　　　　〈募集〉

クァナク区ボランティアセンターは、きれいな壁画を描いてくださるボランティアを募集します。
（　㉠　）？ 心配しないでください。専門家が親切に手伝います。

関心のある方はクァナク区ボランティアセンターにいらっしゃって直接申請なさるか、（　㉡　）
（電話：02-1234-5678）。

　　　　　　　皆さんのたくさんのご参加、お願いします。

㉠ 絵は初めてですか
　 絵に自信がありませんか
　 壁画を描いたことがありませんか
㉡ 電話で連絡してくださるようお願い致します
　 電話で申請が可能です

27.
> 집이 좁다고 느껴질 때는 필요 없는 물건을 버리는 것이 좋다. 그런데 (㉠). 언젠가 그 물건들을 쓸 것이라고 생각하기 때문이다. 하지만 나중에 보면 (㉡). 따라서 집이 좁다고 생각되면 과감하게 물건을 버리는 것이 필요하다.

🔄 問題パターン

説明文を読み、空欄に入る言葉をそれぞれ一つの文で書く問題。文章を読み、空欄の前後および文章のテーマに沿うように、空欄の中を文として完成させる。中級レベルの語彙と文法を使用して空欄に入る内容を表現する必要がある。

📖 内容把握

家を片付けるためには、必要のない物を思い切って捨てなければならないと述べている。

☕ 作文の戦略

㉠空欄の直前には그런데という接続詞があるので、それまでの内容とは話題の転換が起きていることが分かる。また、空欄の後に続く文は-기 때문이다という表現で終わっているため、空欄の内容の根拠になっていることが分かる。空欄の前まで述べていた内容は、必要のない物を捨てるのがよいというものであるが、そこから話題が転換しているということは、必要のない物であっても捨てないことがあるという内容であると考えられる。さらにその後に述べられる根拠として、いつか使うだろうと考えるためであると述べられているので、そのように考えるのが妥当である。

㉡하지만で始まる文なので、前に述べていたことに反する内容を述べていると考えられる。直前で述べているのは、いつか使うだろうと考えて捨てないことについてである。これに反する内容なので、取っておいた物は結局使わないという内容が入ると考えられる。また、空欄の後に따라서と述べて続くのは空欄の内容を根拠とした結論であり、その結論の内容が思い切って捨てることが必要だというものなので、取っておいても使わないという内容が入るのが自然である。

📋 語彙・文法

㉠ 物を捨てる　물건을 버리다
　　～ができない　-지 못하다, -(으)ㄹ 수 없다

㉡ 物を使う　물건을 쓰다
　　～することがほとんどだ　-는 경우가 대부분이다

~することはない   -는 경우는 없다

✓ 解答例
㉠ 사람들은 물건을 쉽게 버리지 못한다
　　물건을 잘 버리지 못하는 사람들이 있다
㉡ 그 물건을 쓰고 있지 않는 경우가 대부분이다
　　그 물건을 쓰는 경우는 별로 없다

27.　家が狭いと感じるとき、いらない物を捨てるのがいい。ところが、(　㉠　)。いつかその物を使うだろうと考えるからだ。しかし、後から見ると、(　㉡　)。従って、家が狭いと思ったら果敢に捨てることが必要だ。

㉠ 人は物を簡単に捨てることができない
　　物をあまり捨てられない人がいる
㉡ そういった物を使っていないことがほとんどである
　　そういった物を使うことはあまりない

※ [28] 다음 대회 안내문을 보고 이 대회를 설명하는 글을 200~300자로 쓰십시오.

한국대학교 한국어 말하기 대회 안내

"한국어 말하기에 자신 있는 사람들은 모두 오세요."

▶ 대회 일시 : 2017년 4월 16일(일) 9:30~13:00
▶ 대회 장소 : 한국대학교 문화관 대강당
▶ 대회 내용
　· 주제 : 나의 한국 생활
　· 참가 자격 : 국내외 외국인과 재외동포
　· 시상 내역 : 대상(장학금 100만 원), 최우수상(컴퓨터) 외

※ 외국인 여러분의 적극적인 참여를 바랍니다.

[출처: 서울대학교 한국어 말하기 대회 포스터]

🔁 問題パターン

与えられた資料を利用して、200～300字の短い文章を書く問題。与えられた情報が漏れることなく、正確に伝わるよう、明確かつシンプルに書く。中級レベルの語彙と文法を使用して内容を表現する必要がある。

📖 内容把握

外国人のための韓国語スピーチコンテストの案内文。

---

[28] 次の大会案内文を見て、この大会を説明する文章を200～300字で書きなさい。

28.　　　　韓国大学 韓国語スピーチコンテストの案内

「韓国語のスピーチに自信のある人は皆お越しください」

▶コンテスト日時：2017年4月16日(日) 9:30～13:00
▶コンテストの場所：韓国大学文化館大講堂
▶コンテスト内容
・テーマ：私の韓国生活
・参加資格：国内外の外国人と在外韓国人
・賞の内容：大賞(奨学金100万ウォン)、最優秀賞(コンピューター) 他

※ 外国人の皆さんの積極的な参加を望みます。

出典：ソウル大学韓国語スピーチコンテストポスター

📝 作文の戦略

　資料を見て説明する問題である。このような問題の場合、読み取れる情報を順番に並べていけばよいが、単なる箇条書きにならないように注意する。例えば、案内にはコンテストの日時や場所が書かれているが、「コンテスト日時は〜です」「コンテストの場所は〜です」と与えられた情報をそのまま並べるのではなく、오전 9시 반부터 오후 1시까지や、대강당에서 진행됩니다のように、別の言葉に言い換えて文章として組み立てる必要がある。

　解答例ではまず、導入としてコンテストの名前を紹介した後、日時と場所を述べている。これらはイベントの情報として最も重要なものである。また、コンテストの内容として、スピーチのテーマ、参加資格、与えられる賞の内容などを述べる。最後に、ポスターにも書かれている参加の呼び掛けを加えれば、文章としてまとまりのあるものになる。

📖 語彙・文法

大会、コンテスト　대회
開催する、開かれる　개최하다, 열리다
〜から〜まで　〜부터 〜까지
進行する、進行される　진행하다, 진행되다
〜について　〜에 대하여, 〜에 대해서
〜なら誰でも　〜(이)라면 누구든지

授与する　시상하다
賞品　상품
準備される　마련되다
参与、参席、参加　참여, 참석, 참가
申し込み、申請　신청
願う　바라다

[接続表現]
また、そして　또한, 아울러, 그리고
〜以外にも　〜 이외에도

✓ 解答例

| 한 | 국 | 대 | 학 | 교 | 에 | 서 | 는 | | ' | 한 | 국 | 어 | | 말 | 하 | 기 | | 대 |
| 회 | ' | 를 | | 개 | 최 | 합 | 니 | 다 | . | | 이 | 번 | | 대 | 회 | 는 | | 20 | 17 | 년 |

4월 16일 오전 9시 반부터 오후 1시까지 한국대학교 문화관 대강당에서 진행됩니다. 말하기 주제는 여러분들이 한국에서 생활하면서 겪었던 일이며, 국내외 외국인과 해외에 살고 있는 동포라면 누구든지 참가할 수 있습니다. 대상에게는 장학금 100만 원을, 최우수상에게는 컴퓨터를 상품으로 시상할 예정이며, 이외에도 여러 상품이 준비되어 있습니다. 한국어 말하기에 자신 있는 여러분의 적극적인 참여를 바랍니다.

韓国大学校では'韓国語スピーチコンテスト'を開催します。今回のコンテストは2017年4月16日午前9時半から午後1時まで韓国大学校文化館大講堂で行われます。コンテストのテーマは皆さんが韓国で生活していて経験したことで、国内外の外国人と海外に住んでいる韓国人なら誰でも参加可能です。大賞には奨学金100万ウォンを、最優秀賞にはコンピューターを賞品として授与する予定であり、これ以外にもさまざまな賞品が準備されています。韓国語のスピーチに自信のある皆さんの積極的な参加をお願いします。

※[29] 다음을 주제로 하여 자신의 생각을 600~700자로 글을 쓰십시오.

> 최근 동물의 생명을 존중해야 한다는 이유로 동물 실험을 하면 안 된다는 주장과 제품이 안전한지 확인하기 위해서는 동물 실험이 효율적인 방법이라는 주장이 있습니다. 동물 실험의 필요성에 대해 아래의 내용을 중심으로 자신의 생각을 쓰십시오.

- 동물 실험이 필요하다고 생각합니까?
- 그렇게 생각하는 이유는 무엇입니까? (2가지 이상 쓰시오.)

問題パターン

与えられた内容に沿って、600～700字の文章を書く問題。上級レベルの語彙と文法を使用して、テーマについて適切な根拠を挙げて自分の考えを論理的に書く。

内容把握

動物実験の必要性について立場を決め、裏付けの根拠を提示しながら自分の主張を書く。

---

[29] 次のテーマで自分の考えを600～700字で書きなさい。

> 最近、動物の命を尊重しなければならないという理由で動物実験をしてはならないという主張と、製品が安全か確認するためには動物実験が効率的な方法だという主張があります。動物実験の必要性について、下記の内容を中心に自分の考えを書きなさい。
>
> ・動物実験が必要だと思いますか?
> ・そのように考える理由は何ですか? (二つ以上書きなさい)

作文の戦略

まず導入として、動物実験の必要性についての議論を紹介し、次に自分の立場を提示する。ここでは、課題文として必要か否かを問われているので、必要である＝賛成の立場か、必要でない＝反対の立場かをはっきりと示す。それ以降は、その立場に立ち、根拠を示していくことになる。論理的に根拠を示しやすい方を選べばよく、解答者本人の意見である必要はない。賛成と反対それぞれの解答例を示しているので、内容を比較してみるのもよい。

まず、反対の立場の根拠は、인간의 이기심という点と、동물에게는 안전했지만 인간에게는 안전하지 않은 경우가 생길 수 있다という点の2点である。結論として、동물 실험을 대체할 수 있는 보다 안전하고 윤리적인 실험 방법을 개발하고 활용하도록と述べている。
 一方、賛成の立場の根拠は、동물 실험을 통해 인간의 안전을 지킬 수 있다という点と、다른 방법이 개발되더라도 실제로 그 방법을 사용하게 될 때까지는 시간이 오래 걸리고 비용도 많이 든다という点の2点である。そして、結論として동물 실험에 사용되는 동물의 수를 엄격하게 제한하고, 동물들의 고통을 줄이려는 노력을 해야 할 것이다と述べている。

語彙·文法

実験対象　실험 대상　　　　　　　　効率的だ　효율적이다
実験方法　실험 방법　　　　　　　　効果的だ　효과적이다
生命尊重　생명 존중　　　　　　　　倫理的だ　윤리적이다
製品の安全性を評価する　제품의 안전성을 평가하다
問題点を補う　문제점을 보완하다
代替する　대체하다

[議論]
議論になる　논란이 되다
～に対する議論が熱い、ある　～에 대한 논란이 뜨겁다, 있다
～に対して反対の声が大きくなっている　～에 대해 반대하는 목소리가 커지고 있다
賛成する立場、反対する立場　찬성하는 입장, 반대하는 입장
主張　주장
～に対して憂慮する　～에 대해 우려하다

[理由]
理由　이유　　　　　　　　　　～するせいで　-기 때문에
根拠　근거　　　　　　　　　　～するせいだ　-기 때문이다
問題点　문제점　　　　　　　　～だという理由で　-다는 이유로
賛成する理由、反対する理由　찬성하는 이유, 반대하는 이유
その理由は～という点だ　그 이유는 -다는 점이다
～だという点を挙げる　-다는 점을 들다

[主張]
～するだろう　-(으)ㄹ 것이다　　　　　～することがある　-(으)ㄹ 수 있다

[接続表現]
～して　-(으)며, -고, -아/어서　　　　一方　한편
～だが　-지만　　　　　　　　　　　　まず　우선
～だから　-(으)므로　　　　　　　　　第一に　첫째로
従って　따라서, 그러므로　　　　　　　第二に　둘째로
しかし　하지만, 그러나　　　　　　　　その他　이외에도
そして　그리고　　　　　　　　　　　　最後に　마지막으로

✅ 解答例1　動物実験に反対の立場

　　　동물　실험이란　제품의　효과나　안전을
평가할　때　인간　대신　동물을　실험　대
상으로　사용하는　것을　말한다. 동물　실
험에　찬성하는　사람들은　동물　실험이
제품의　안전성을　평가할　수　있는　가장　　100
효율적인　방법이라고　말한다. 반면　동물
실험에　반대하는　사람들은　동물　실험의
윤리성과　그　효과에　의문을　제기하고
있다. 이에　대해　나는　다음과　같은　이
유로　동물　실험을　하는　것이　옳지　않　　200
다고　본다.
　　　동물　실험에　반대하는　가장　중요한
이유는　인간을　위해　동물의　생명을　위
협해서는　안　된다는　점이다. 동물의　생
명과　인간의　생명　중　어느　한쪽이　더　　300

가치가 높다고 할 수 없다. 따라서 인간을 위해 동물이 고통을 받거나 죽어도 된다고 생각하는 것은 인간의 이기심에 불과하다. 또한 인간과 동물의 몸은 다르기 때문에 동물에게는 안전했지만 인간에게는 안전하지 않은 경우가 생길 수 있다. 이런 경우 동물실험이 인간에게 오히려 해가 될 수 있다. 만약 동물실험이 완전하다면 사람에게 다시 실험할 필요가 없을 테지만 그렇지 않다는 것은 동물실험이 불완전하다는 것을 의미하는 것이다. 따라서 앞으로는 동물과 인간이 자연의 일부로서 공존하며 살아가기 위한 방법을 찾아야 한다. 인간의 이기심과 경제적 효율성만을 중시하는 사고방식에서 벗어나 동물실험을 대체할 수 있는 보다 안전하고 윤리적인 실험 방법을 개발하도록 노력해야 할 것이다.

動物実験とは製品の効果や安全性を評価するときに人間の代わりに動物を実験対象に使用することを指す。動物実験に賛成する人々は動物実験が製品の安全性を評価するための最も効果的な方法だと言う。反面、動物実験に反対の人々は動物実験の倫理性とその効果について疑問を呈している。これについて私は次のような理由で動物実験は正しくないと考える。

　動物実験に反対する最も重要な理由は、人間のために動物の生命を脅かしてはいけないという点だ。動物の命と人間の命のどちらがより価値があるかは決められない。従って人間のために動物が苦痛を受けたり死んだりしてもよいと考えるのは人間のエゴイズムにすぎない。

　また、人間と動物の体は異なるので、動物にとっては安全でも人間にとっては安全ではないケースがあり得る。この場合、動物実験が人間にとってむしろ害になり得る。もし動物実験が完全ならば、人間に再度実験をする必要はないはずだが、そうでないということは動物実験が不完全だということを意味しているのである。

　従って今後は動物と人間が自然の一部として共存しながら生きていくための方法を探さなければならない。人間のエゴイズムと経済的効率性だけを重んじる考え方から脱却し、動物実験を代替することができる、より安全で倫理的な実験方法を開発するよう努力しなければならないのである。

✓ **解答例2** 動物実験に賛成の立場

	동	물	실	험	이	란		제	품	의		효	과	나		안	전	을	
평	가	할		때		인	간		대	신		동	물	을		실	험		대
상	으	로		사	용	하	는		것	을		말	한	다	.		동	물	실
험	에		찬	성	하	는		사	람	들	은		동	물		실	험	이	
제	품	의		안	전	성	을		평	가	할		수		있	는		가	장
효	율	적	인		방	법	이	라	고		말	한	다	.		반	면		동	물
실	험	에		반	대	하	는		사	람	들	은		동	물		실	험	의
윤	리	성	과		그		효	과	에		의	문	을		제	기	하	고	
있	다	.	이	에		대	해		나	는		다	음	과		같	은		이
유	로		동	물		실	험	을		하	는		것	이		옳	다	고	
본	다	.																	
	동	물		실	험	에		찬	성	하	는		가	장		큰		이	유

는 동물 실험을 통해 인간의 안전을 지킬 수 있다는 점이다. 새로운 약이나 화장품을 개발한 후 그것을 바로 인간에게 사용한다면 부작용이 생길 수 있고 심하면 인간이 죽을 수도 있다. 따라서 동물 실험을 통해 이런 부작용을 미리 확인해서 인간의 피해를 줄이는 과정이 반드시 필요하다.

또한 동물 실험을 대신할 수 있는 다른 방법이 개발되더라도 실제로 그 방법을 사용하게 될 때까지는 시간이 오래 걸리고 비용도 많이 든다. 그래서 새로운 약이 필요한 환자들은 빨리, 적은 비용으로 건강을 찾아야 하므로 동물 실험이 가장 현실적인 방법이다.

인간의 즐거움을 위해 동물에게 고통을 주는 것은 물론 금지되어야 한다. 그러나 동물 실험은 인간의 건강과 안전을 위해 꼭 필요한 희생이다. 따라서 동물 실험을 완전히 금지하기보다는 동물 실험에 사용되는 동물의 수를 엄격하게 제한하고, 동물들의 고통을 줄이려는 노력을 해야 할 것이다.

動物実験とは製品の効果や安全性を評価するときに人間の代わりに動物を実験対象に使用することを指す。動物実験に賛成する人々は動物実験が製品の安全性を評価するための最も効果的な方法だと言う。一方、動物実験に反対の人々は動物実験の倫理性とその効果について疑問を呈している。これについて私は次のような理由で動物実験は正しいと考える。
　動物実験に賛成する最も大きな理由は動物実験を通じて人間の安全を守ることができるという点だ。新薬や化粧品を開発した後にそれをそのまま人間に使用すると副作用が発生することがあり、ひどければ人が死ぬこともある。従って動物実験を通じてこのような副作用をあらかじめ確認して人間の被害を防ぐためのプロセスが必ず必要である。
　また動物実験を代替することができる他の方法が開発されても、実際にその方法を使用するようになるまでは長い時間を要し、費用もかさむ。そのため、新薬が必要な患者は、早く、少ない費用で健康を取り戻さなければならないので、動物実験が最も現実的な方法である。
　人間の娯楽のために動物に苦痛を与えるのはもちろん禁止されるべきである。しかし、動物実験は人間の健康と安全のためには避けられない犠牲である。従って動物実験を完全に禁止するのではなく、動物実験に使用される動物の数を厳しく制限すると同時に、動物の苦痛を減らそうとする努力が必要なのである。

読解

※[1~2] (　　)에 들어갈 가장 알맞은 것을 고르십시오.

> 1. 비가 올 줄 알았으면 우산을 (　　　).
>   ① 가져온 척했다　　　　② 가져와 버렸다
>   ③ 가져온 모양이다　　　④ 가져올걸 그랬다

問題パターン
空欄に入れるのに適切な表現を選ぶ問題

内容把握
雨が降るとは思わず、雨が降っているので傘を持ってきていないことを後悔する内容。

問題説明
①-(으)ㄴ 척하다は、「~したふりをする」の意味の表現。②-아/어 버리다は「~してしまう」の意味の表現。③-(으)ㄴ 모양이다は「~したようだ」の意味の表現。④-(으)ㄹ걸 그랬다は「(もし~なら) ~したのに」と話者の後悔や願望を表す表現なので、正解。

正解 ④

[1~2] (　　)に入れるのに最も適切なものを選びなさい。
1. 雨が降ると知っていたら、傘を (　　　)。
   ① 持ってきたふりをした　　② 持ってきてしまった
   ③ 持ってきたようだ　　　　④ 持ってきたのに

2. 지금은 힘들어도 한국에서 계속 (　　) 한국 생활에 익숙해질 것이다.
　① 살더니　② 살더라도　③ 살다 보면　④ 살아 보니

🔄 問題パターン
空欄に入れるのに適切な表現を選ぶ問題

📖 内容把握
今は大変だが、韓国にずっと住めば韓国生活に慣れるだろうという内容。

❗ 問題説明
①-더니は「〜したところ、〜していたら」の意味を表す表現。後ろの文には結果が来るので、主に過去形で表現する。②-더라도は「〜しても」の意味を表す表現。③-다 보면は「〜していけば」のように、前と同じ行為をしたりそのような状態にあったりするならば後のような状況になるという意味であり、正解。④-아/어 보니は「〜してみたら、〜してみたところ」の意味の表現。

✅ 正解　③

2. 今は大変でも、韓国でずっと (　　) 韓国生活に慣れるだろう。
　① 暮らしたところ　② 暮らしても　③ 暮らしてみれば　④ 暮らしてみたところ

※ [3~4] 다음 밑줄 친 부분과 의미가 비슷한 것을 고르십시오.

> 3. 학교에 <u>가는 길에</u> 편의점에 들러 우유를 살까 한다.
>   ① 가는 도중에   ② 가는 대신에
>   ③ 가는 데다가   ④ 가는 바람에

問題パターン
似た表現を選ぶ問題

内容把握
学校に向かう際に、コンビニエンスストアに寄って牛乳を買おうとする内容。

問題説明
問題文の가는 길에は「行く途中で」という意味。①-는 도중에は「〜している途中で」の意味であり、正解。②-는 대신에は「〜する代わりに」の意味。③-는 데다가は「〜するのに加えて」の意味。④-는 바람에は「〜するせいで」の意味を表す。-는 통에と同じく、一般的に前の状況が後の行動に否定的な影響を及ぼすときや話者の意図とは異なる結果をもたらすときに使う。

✓ 正解 ①

[3~4] 下線を引いた部分と意味が似ているものを選びなさい。
3. 学校に<u>行く途中に</u>コンビニに寄って牛乳を買おうかと思う。
   ① 行く途中に   ② 行く代わりに
   ③ 行くのに加えて ④ 行ったせいで

4. 누구나 자기 생각만 고집하면 주위 사람들과 사이가 멀어지기 마련이다.
   ① 멀어진 셈이다　　　　② 멀어지는 법이다
   ③ 멀어질 지경이다　　　④ 멀어질 리가 없다

🔁 問題パターン
似た表現を選ぶ問題

📖 内容把握
自分の考えにだけ固執すると周囲の人たちと当然仲が疎遠になるだろうという内容。

ℹ️ 問題説明
問題文の**멀어지기 마련이다**は「疎遠になるものだ」という意味。①-(으)ㄴ 셈이다は「〜するようなものだ」の意味。問題文ではその前の内容が**고집하면**と仮定・条件になっており、根拠になり得ないので**멀어진 셈이다**と合わない。②-는 법이다は「〜するものだ」のように当然のことであることを表す表現であり、正解。③-(으)ㄹ 지경이다は「〜しそうだ」に近い意味を持っているが、前の内容が理由となってほぼ極限状態に至る状況であることを表す表現。④-(으)ㄹ 리가 없다は「〜するわけがない」の意味の表現。

✓ **正解** ②

4. 誰もが自分の考えにのみ固執したら、周りの人たちとの仲が疎遠になるものだ。
   ① 疎遠になったようなものだ　　② 疎遠になるものだ
   ③ 疎遠になりそうだ　　　　　　④ 疎遠になるはずがない

※ [5~7] 다음은 무엇에 대한 글인지 고르십시오.

> 5. 지금 행복한 모습 그대로!
>   세상의 시간은 흘러도 당신의 시간은 멈추게 해 드립니다.
>   ① 가구점　② 사진관　③ 편의점　④ 유치원

🔁 問題パターン
何に関する内容なのかを選ぶ問題

📖 内容把握
世の中の時間は流れても、時間が止まったかのように、あなたの現在の姿をそのままとどめてあげるという宣伝文句。

ℹ️ 問題説明
この宣伝文句のようなことができるのは写真であるので、**사진관**が正解である。

✔ 正解　②

> [5~7] 次は何についての文章か選びなさい。
> 5. 今幸せな姿そのままに!
>   世の中の時間は流れてもあなたの時間は止めて差し上げます。
>   ① 家具屋　② 写真館　③ コンビニ　④ 幼稚園

> 6. 하루에 30분씩 운동에 투자해 보십시오.
>   후회할 때는 이미 늦은 것입니다.
>   ① 건강관리　② 병원 소개　③ 운동 순서　④ 안전 교육

🔁 問題パターン
何に関する内容なのかを選ぶ問題

📖 内容把握
健康管理のため、運動に時間を投資しないと後悔するだろうという内容。

🛈 問題説明

1日に30分ずつ運動に投資、つまり運動するよう勧誘しているので、健康管理に関する内容であることが分かるので、**건강관리**が正解。

✅ **正解** ①

---

6. 1日に30分ずつ運動に投資してみてください。
    後悔した時はすでに手遅れなのです。
    ① 健康管理   ② 病院紹介   ③ 運動の順序   ④ 安全教育

---

7. 홈페이지에 접속하셔서 예약하십시오.
    계좌에 입금하시고 택배로 받으시면 됩니다.
    ①구입 방법   ②주의 사항   ③사용 설명   ④제품 소개

🔁 問題パターン

何に関する内容なのかを選ぶ問題

📖 内容把握

ホームページに接続して予約をした後に、口座に送金して宅配で品物を受け取ればよいという案内。

🛈 問題説明

インターネットで予約して口座に送金して宅配で品物を受け取るのは品物を購入する方法であるので、**구입 방법**が正解。

✅ **正解** ①

---

7. ホームページに接続して予約してください。
    口座に入金し、宅配でお受け取りください。
    ① 購入方法   ② 注意事項   ③ 使用説明   ④ 製品紹介

※[8~11] 다음 글 또는 도표의 내용과 같은 것을 고르십시오.

> 8. 2017 한국자동차 인턴사원 모집
>   · 모집 분야 : 사무직
>   · 지원 자격 : 대졸 이상
>   · 제출 서류 : 이력서, 자기소개서
>   · 접수 방법 : 이메일 접수(intern@hanguk.com)
>   · 접수 기간 : 2017년 2월 16일(목) ~ 2017년 2월 27일(월) 17:00까지
>   · 전형 방법 : 1차 서류, 2차 면접
>
>   ① 서류 심사를 통과하면 최종 합격한다.
>   ② 지원자가 직접 가서 서류를 제출해야 한다.
>   ③ 사무직 인턴사원으로 일할 사람을 구하고 있다.
>   ④ 대학교를 졸업하지 않은 사람도 지원할 수 있다.

問題パターン
文または図表の内容と一致するものを選ぶ問題

内容把握
インターン社員を募集する内容である。韓国自動車で事務職として仕事するインターン社員を募集している。大学を卒業した人のみ応募することができ、履歴書と自己紹介書をメールで提出する必要がある。2月16日から2月27日午後5時までに提出しなければならない。書類審査を通過した後、面接を通過すれば合格できる。

問題説明
・書類審査を通過した後、面接を受けなければならないので、①は誤答である。
・メールで提出しなければならず、直接提出するわけではないので、②は誤答である。
・事務職のインターン社員として仕事する人を求めているので、③が正解である。
・大学を卒業した人のみ応募できるので、④は誤答である。

✓ 正解　③

[8~11] 次の文または図表の内容と同じものを選びなさい。

8. 2017 韓国自動車インターン社員募集
   ・募集分野：事務職
   ・志願資格：大卒以上
   ・提出書類：履歴書、自己紹介書
   ・提出方法：Eメールで受け付け (intern@hanguk.com)
   ・受け付け期間：2017年2月16日（木）～2017年2月27日（月）17：00まで
   ・選考方法：1次書類、2次面接

   ① 書類審査を通過すれば最終合格だ。
   ② 志願者が直接行って書類を提出しなければならない。
   ③ 事務職インターン社員として働く人を求めている。
   ④ 大学を卒業していない人も志願できる。

9. 신나는 강원도 홍창 눈꽃축제
   ・날짜：2017년 1월 5일 ~ 2017년 1월 11일(7일간)
   ・시간：10:00 ~ 17:00
   ・전시：눈 조각전, 얼음 조각전, 눈사람 전시
   ・체험：눈썰매, 얼음썰매
   ・이용요금：축제입장권 - 개인 3,000원, 20명 이상 단체 2,000원
                눈썰매/얼음썰매 - 각 5,000원
   ※ 5세 이하, 65세 이상 무료입장(입장만 무료임)

   ① 눈꽃축제는 홍창에서 일주일 동안 열린다.
   ② 오후 5시 이후에 조각전을 구경할 수 있다.
   ③ 65세 할아버지는 무료로 눈썰매를 탈 수 있다.
   ④ 5,000원을 내면 눈썰매와 얼음썰매를 둘 다 탈 수 있다.

問題パターン
文または図表の内容と一致するものを選ぶ問題

内容把握
雪祭りの紹介と関連情報を伝える文章である。祭りの期間は7日間で、1月5日から1月11日までの毎日、午前10時から午後5時まで行われる。雪像、氷彫刻、雪だるまの展示があり、雪そりと氷上そりの体験ができる。祭りの会場へは、個人3,000ウォン、20人以上の団体は1人当たり2,000ウォンを払って入場する。雪そり及び氷上そりに乗るためにはそれぞれ5,000ウォンを払わなければならない。5歳以下の子ども、65歳以上の人は入場無料である。

問題説明
- 雪祭りは7日間にわたり開かれるので、①が正解である。
- 祭りの時間は午前10時から午後5時までなので、②は誤答である。
- 65歳の人は入場のみ無料になるので、③は誤答である。
- 雪そりや氷上そりの利用料金はそれぞれ5,000ウォンなので、両方乗るためには1万ウォンを支払うこととなる。従って④は誤答である。

✓ 正解　①

---

9. 楽しい江原道ホンチャン雪祭り
   - 日にち：2017年1月5日～2017年1月11日（7日間）
   - 時間：10:00～17:00
   - 展示：雪の彫刻展、氷の彫刻展、雪だるま展示
   - アクティビティー：雪そり、氷そり
   - 利用料金：祭り入場券―個人3,000ウォン、20人以上の団体2,000ウォン
     　　　　　雪そり／氷そり―各5,000ウォン
   ※5歳以下、65歳以上は無料入場（入場のみ無料）

   ① 雪祭りはホンチャンで1週間開かれる。
   ② 午後5時以降に彫刻展を見物できる。
   ③ 65歳のおじいさんは無料で雪そりに乗れる。
   ④ 5,000ウォン出せば雪そりと氷そりの両方乗れる。

10.

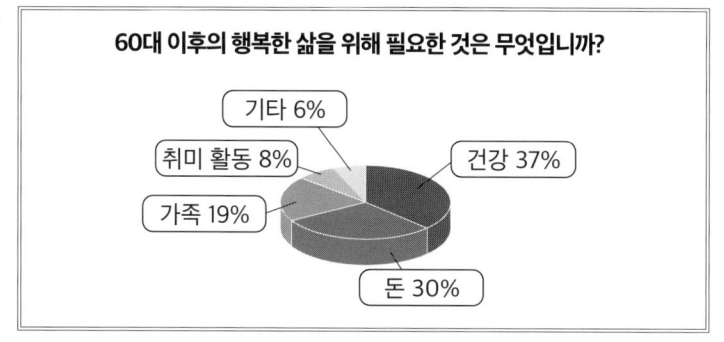

60대 이후의 행복한 삶을 위해 필요한 것은 무엇입니까?

- 기타 6%
- 취미 활동 8%
- 가족 19%
- 돈 30%
- 건강 37%

① 취미 활동을 선택한 사람이 가족을 선택한 사람보다 많다.
② 60대 이후에 행복하게 살려면 건강해야 한다는 응답이 가장 많다.
③ 돈이 많으면 60대 이후에 행복하게 살 수 있다는 응답이 가장 적다.
④ 돈이 필요하다는 응답과 가족이 필요하다는 응답을 합치면 절반이 넘는다.

問題パターン
文または図表の内容と一致するものを選ぶ問題

内容把握
60代以降の幸せな人生のために必要なことは何かについての調査である。60代以降の幸せな人生のために必要なことの順位は、健康、お金、家族、趣味、その他の順となっている。健康が必要だと答えた人は37%、お金が必要だと答えた人は30%、家族が必要だと答えた人は19%、趣味が必要だと答えた人は8%、その他の回答者は6%である。お金が必要だという回答と家族が必要だという回答を合わせると49%であり、半分に満たない。

問題説明
・趣味を選択した人は8%、家族を選択した人は19%なので、①は誤答である。
・60代以降に幸せに暮らすために健康が必要だという回答が最も多いので、②が正解である。
・お金が多ければ60代以降幸せに暮らすことができるという回答は、健康の次に多い回答なので、③は誤答である。
・お金が必要だという回答と家族が必要だという回答を合わせると49%なので半数に

満たない。従って④は誤答である。

✓ 正解 ②

10.

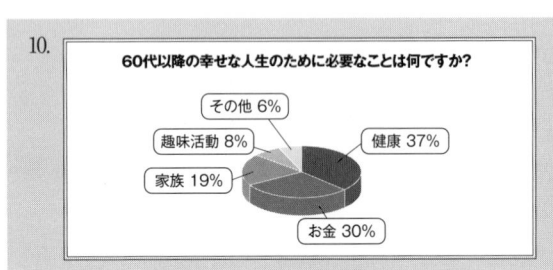

60代以降の幸せな人生のために必要なことは何ですか？

- 健康 37%
- お金 30%
- 家族 19%
- 趣味活動 8%
- その他 6%

① 趣味活動を選んだ人が家族を選んだ人より多い。
② 60代以降に幸せに暮らすには健康でなければならないという回答が一番多い。
③ お金が多ければ60代以降幸せに暮らせるという回答が一番少ない。
④ お金が必要だという回答と家族が必要だという回答を合わせると半分を超える。

11. 도서관을 지어 기부한 어느 회사의 이름을 도서관의 공식 명칭에 넣는 문제를 두고 논란이 뜨겁다. 한편에서는 그것이 기부자에 대한 예의라면서 국내외에서도 그러한 사례가 많다고 주장하고 있고, 다른 편에서는 도서관 명칭이 이를 지어 기부한 회사를 홍보하는 데에 이용될 수 있다고 반대하고 있다. 도서관 명칭에 대한 논란은 쉽게 가라앉지 않을 것으로 보여 이 도서관 명칭에 대한 문제는 빠른 시일 안에 해결되기 어려울 것으로 예상된다.

① 홍보를 위해 도서관을 지어 기부하는 회사가 늘고 있다.
② 도서관의 명칭에 대한 논란은 계속될 것으로 예상된다.
③ 국내에서는 기부자의 이름을 사용한 예를 찾아보기 어렵다.
④ 기부자에 대한 예의를 지키려면 기부자의 이름을 사용하지 않는 것이 좋다.

🔁 問題パターン
文または図表の内容と一致するものを選ぶ問題

📖 内容把握
図書館の建物を寄付した会社に対し、その社名を図書館の名称に入れるか否かという議論が起きているという内容である。寄付者の名前を図書館の名称に入れることについて、寄付した側に対する礼儀として当たり前であるという意見がある一方、寄付した会社の宣伝に利用されることになるとして反対する意見もある。しばらく議論が続くことが予想される。

📝 問題説明
・宣伝のため図書館の建築に寄付する会社が増えているという記述はないため、①は誤答である。
・図書館の名称に関する議論において、短時間での決着は難しそうだと言っているので、②が正解である。
・国内外に同じ事例が多いと言っているので、国内でも見られる。従って③は誤答である。
・寄付者の名前を使うことが寄付者に対する礼儀であるという意見が挙げられているので、④は誤答である。

✓ **正解** ②

---

11. 図書館を建てて寄付したある会社の名前を図書館の公式名称に入れる問題を巡って議論が熱い。一方ではそれが寄付者に対する礼儀だと言いながら国内外でもそのような事例が多いと主張しており、他方では図書館の名称がこれを建てて寄付した会社を宣伝するのに利用され得ると反対している。図書館の名称に関する議論は簡単に収まりそうになく、この図書館の名称に関する問題はすぐの解決は難しいものと予想される。

① 宣伝のために図書館を建てて寄付する会社が増えている。
② 図書館の名称に関する議論は続くものと予想される。
③ 国内では寄付者の名前を使った例を見つけるのが難しい。
④ 寄付者に対する礼儀を守るには、寄付者の名前を使わないのがよい。

※ [12~13] 다음을 순서대로 맞게 배열한 것을 고르십시오.

12. (가) 한국 사람들은 설날에 주로 떡국을 먹는다.
    (나) 이것은 나이를 한 살 더 먹는다는 상징적인 의미를 갖는다.
    (다) 떡국은 흰 가래떡을 얇게 썰어서 장국에 넣어 끓인 음식이다.
    (라) 그래서 나이를 물을 때 지금까지 떡국을 몇 그릇 먹었느냐고 묻기도 한다.

    ① (가)-(다)-(나)-(라)　　② (가)-(라)-(나)-(다)
    ③ (다)-(가)-(나)-(라)　　④ (다)-(나)-(라)-(가)

問題パターン
文を順番通りに並べる問題

内容把握
元日に食べるトックッに関する内容である。トックッは餅を切ってスープで煮た食べ物であり、元日に主に食べる。떡국을 먹다という言葉には、나이를 한 살 더 먹다という意味がある。韓国語では、「年を取る」ことを나이를 먹다と表現する。そして年齢を数え年で言うので、元日になると一つ年を取ることになる。一つ年を取ることになる元日に必ず食べるのがトックッであるため、떡국을 먹다＝나이를 한 살 먹다と結び付けられる。このことから、一つ年を取ることを떡국을 먹다と比喩的に表現するようになったと考えられる。年齢を尋ねるときに、トックッを何杯食べたかと聞くこともある。

問題説明
・(가)の설날と먹는다は、(나)의 나이と먹다にそれぞれ対応する。このように(가)と(나)はつながっており、(나)に이것은 ~ 의미를 갖는다があることから、(나)は(가)の内容を解釈したものであることが分かる。すなわち、(가)(나)の順となる。
・(다)は떡국の定義を述べている。(가)は떡국の定義を知っているという前提の下、떡국を食べる習慣を述べているので、(다)(가)(나)の順になる。
・(라)に、前の内容を根拠・原因・理由として受け取るユ래서が出ていること、나이를 먹다と떡국을 먹다を関係付ける内容であることから、(나)(라)の順であることが分かる。
・従って、③(다)(가)(나)(라)が正解である。

正解　③

[12~13] 次の文を順番通りに適切に並べたものを選びなさい。

12. (가) 韓国人たちは元日に主にトックッを食べる。
    (나) これは年を1歳取るという象徴的な意味を持つ。
    (다) トックッは白い棒状の餅を薄く切ってだしに入れて煮た食べ物だ。
    (라) そのため、年齢を聞くとき、今までトックッを何杯食べたかと聞いたりもする。

13. (가) 친구의 마음이 여간 고맙지 않았다.
    (나) 급하게 나오는 바람에 지갑을 집에 두고 온 것이다.
    (다) 친구에게 밥을 사 주기로 했는데 계산하려고 보니 지갑이 없었다.
    (라) 친구가 알면 화를 낼 줄 알았는데 화는커녕 웃으며 돈을 내 주었다.

    ① (가)-(나)-(다)-(라)
    ② (가)-(다)-(라)-(나)
    ③ (다)-(가)-(나)-(라)
    ④ (다)-(나)-(라)-(가)

問題パターン
文を順番通りに並べる問題

内容把握
友達にご飯をおごることになっていたが、財布を家に置いてきてしまい、友達が代わりにお金を出してくれてありがたかったという内容である。ご飯代を払おうとしたが財布がなく、家に置いてきたことに気付いたが、友達が怒らずに笑いながらお金を出してくれたため、本当にありがたかったと述べている。

問題説明
- (가)で친구의 마음이 여간 고맙지 않았다としていることから、友達に関する内容が(가)の前にあることが分かる。
- (나)の-ㄴ 것이다は、ある出来事の意味や原因を説明する表現である。文中で財布がないことを述べているため、財布に関する内容が(나)の前にあることが分かる。
- (다)で지갑이 없었다と財布に関する内容が述べられているので、(다)(나)の順になる。
- (라)で친구가 웃으며 돈을 내 주었다と財布がないことを知った後の状況が述べられて

いるため、(다)(나)(라)の順になる。そしてここまでの状況から、(가)で述べている友達の心遣いの詳細が分かるようになった。すなわち、(라)(가)の順である。
・従って、④(다)-(나)-(라)-(가)が正解。

正解 ④

13. (가) 友達の気持ちがとてもありがたかった。
    (나) 急いで出てきたせいで、財布を家に置いてきたのだ。
    (다) 友達にご飯をおごることにしたが、お金を払おうとしたら財布がなかった。
    (라) 友達が知ったら怒ると思ったけど、怒るどころか笑いながらお金を払ってくれた。

※ [14~15] 다음을 읽고 (   )에 들어갈 내용으로 가장 알맞은 것을 고르십시오.

14. 근육은 움직임이 같은 형태로 오랫동안 반복되면 그대로 (   ) 있다. 그래서 얼굴의 표정만 봐도 그 사람의 성격이 어떤지 어느 정도 짐작할 수 있다. 화를 잘 내는 사람은 화내는 표정이 그대로 남게 되어 무서운 인상을 주지만 자주 웃는 사람은 웃는 표정이 그대로 남아 부드러운 인상을 준다.

① 굳는 특성이
② 멍드는 특성이
③ 늘어나는 특성이
④ 강해지는 특성이

問題パターン
空欄に入れるのに適切な内容を選ぶ問題

内容把握
筋肉の特性上、ある表情を繰り返すとその表情が固定され、その人の与える印象が決まる。筋肉の動きが同じ形で長い間繰り返されると、そのまま固まるようになる。そのようにして繰り返される顔の表情が印象を決める。怒る表情は怖い印象を、笑う表情は柔らかい印象を与える。

問題説明
화를 잘 내는 사람은 화내는 표정이 그대로 남게 되어という部分や자주 웃는 사람은 웃는 표정이 그대로 남아という部分に出てくるそのまま残るという表現は、空欄の直前のそのままという部分と関連する内容である。筋肉のある動きが「そのまま残る」ことは、筋肉が固まることを意味するので、①が正解である。

キーセンテンス
화를 잘 내는 사람은 화내는 표정이 그대로 남게 되어 무서운 인상을 주지만 자주 웃는 사람은 웃는 표정이 그대로 남아 부드러운 인상을 준다.

✓ 正解 ①

[14~15] 次の文章を読み、(　　　)に入れる内容として最も適切なものを選びなさい。

14. 筋肉は、動きが同じ形で長い間繰り返されると、そのまま(　　　)ある。従って顔の表情だけ見ても、その人の性格がどうであるか、ある程度察することができる。よく怒る人は怒る表情がそのまま残ってしまい怖い印象を与えるが、よく笑う人は笑顔がそのまま残るので柔らかい印象を与える。

① 固まる特性が　　　　② あざができる特性が
③ 増える特性が　　　　④ 強くなる特性が

15. 라면이 파마머리처럼 꼬불꼬불한 이유는 첫째, 직선일 때보다 봉지에 면을 더 많이 담을 수 있어서이다. 둘째, 수분이 날아갈 공간이 필요하기 때문이다. 라면을 튀길 때 라면의 꼬불꼬불한 공간 사이로 수분이 날아갈 수 있으므로 튀기는 시간을 줄일 수 있다. 마지막으로 라면이 국수처럼 (　　　) 부서지기 쉬우므로 잘 부서지지 않게 하기 위해 그렇게 만든 것이다.

① 날카로운 모양이면　　　② 꼬불꼬불한 모양이면
③ 동그랗게 들어 있으면　　④ 직선으로 되어 있으면

問題パターン
空欄に入れるのに適切な内容を選ぶ問題

内容把握
ラーメンが縮れている理由の説明をしている。ラーメンが縮れているのは、第一に麺をよりたくさん詰めることができるからである。そして第二に、水分が飛ぶ空間が必要だからである。水分が飛ぶ空間が必要なのは、ラーメンの縮れている空間の隙間へと水分が飛ぶことができるため、揚げる時間を短くすることができるからである。さらに第三に、崩れにくくするためである。

問題説明
ラーメンが縮れていると直線の場合よりも袋に麺をより多く詰めることができるとある

ので、ラーメンは直線でないということが分かる。空欄の直前に국수처럼とあるので、そうめんが直線になっているということを知っていれば직선으로 되어 있으면を選ぶことができる。

✓ 正解 ④

15. ラーメンがパーマのように縮れている理由は、一つ目、直線の場合より袋に麺をより多く入れられるからだ。二つ目、水分が飛ぶ空間が必要だからだ。ラーメンを揚げるとき、ラーメンの縮れた空間の間から水分が飛んでいくことができるので、揚げる時間を減らすことができる。最後に、ラーメンがそうめんのように（　　　）崩れやすいので、崩れないようにするためにそのようにしているのだ。

① 鋭い形だと　　　　　　　　② 縮れた形だと
③ 丸く入っていると　　　　　④ 直線になっていると

模擬試験 2 解説

読解

233

※[16~17] 다음을 읽고 물음에 답하십시오.

> 기부를 할 때 기부 사실을 숨기는 사람이 있는가 하면 드러내는 사람도 있다. 자신이 기부한 것을 절대로 밝히고 싶어 하지 않는 사람도 있고 밝혔을 때 (　　　) 사람이 있을까 봐 숨기는 사람도 있다. 반면에 기부자가 기부 사실을 알리면서 사람들의 참여를 유도하는 경우도 많다. 유명인들의 공개적인 기부 활동이 좋은 예라고 할 수 있다. 기부 문화 확산에 도움이 되는 이 같은 공개적인 기부는 바람직하다고 본다.

内容把握

寄付文化を広げるためには、**公開적인 기부**が望ましいという内容である。寄付するとき、寄付の事実を隠す人もいれば公開する人もいる。隠す人の中には、自分の寄付の事実を明らかにすることを望まない人もおり、隠す人もいる。これとは異なり、公開された寄付をしつつ他人の寄付参加を誘導する場合もある。人々の寄付への参加を誘導するには、公開された寄付が望ましい。

16. (　　　)에 들어갈 알맞은 것을 고르십시오.
    ① 바가지를 쓰는
    ② 피도 눈물도 없는
    ③ 색안경을 끼고 보는
    ④ 발이 손이 되도록 비는

問題パターン
空欄に入れるのに適切な内容を選ぶ問題

問題説明
①**바가지를 쓰다**は「ぼったくられる、ぼられる」という意味。②**피도 눈물도 없다**は「血も涙もない」という意味。③**색안경을 끼고 보다**は「色眼鏡で見る」という意味。④**발이 손이 되도록 빌다**は「必死に許しを乞う」という意味。韓国では許しを請うときに手を合わせてこすることから、必死で許しを乞うさまを誇張して「足が手になるぐらい」と表現している。

寄付したことを明らかにするとき、他の人が先入観や偏見を持って見るのではないかと

案じて寄付の事実を隠す人もいるという内容になるのが自然だと考えられるので、③が正解である。

✓ 正解 ③

17. 이 글의 중심 생각을 고르십시오.
　　① 유명인들이 기부 사실을 숨겨서는 안 된다.
　　② 기부 참여를 유도하기 위해 기부 사실을 알리는 것도 좋다.
　　③ 기부 사실을 밝히고 싶어 하지 않는 사람도 존중해야 한다.
　　④ 기부자가 공개적으로 기부하지 않으면 사람들의 참여를 유도할 수 없다.

問題パターン
文章の主旨を選ぶ問題

問題説明
寄付の事実を隠す人もいれば公開する人もいるが、人々の参加を誘導するには公開された寄付が望ましいとしているので、②が正解である。

キーセンテンス
기부 문화 확산에 도움이 되는 이 같은 공개적인 기부는 바람직하다고 본다.

✓ 正解 ②

[16~17] 次の文章を読み、質問に答えなさい。
　寄付をするとき、寄付の事実を隠す人がいるかと思えばさらけ出す人もいる。自分が寄付したことを絶対に明かしたくない人もおり、明らかになったとき、（　　　）人がいるんじゃないかと隠す人もいる。一方、寄付者が寄付の事実を伝えて人々の参加を誘導するケースも多い。有名人の公開された寄付活動がいい例と言える。寄付文化拡散に役立つこのような公開された寄付は望ましいと思う。

16. （　　　）に入る適切なものを選びなさい。
　① ぼったくられる　　　　② 血も涙もない
　③ 色眼鏡を掛けて見る　　④ 必死に許しを乞う

17. この文章の主旨を選びなさい。
   ① 有名人が寄付の事実を隠してはいけない。
   ② 寄付への参加を誘導するために寄付の事実を知らせるのもよい。
   ③ 寄付の事実を明かしたくない人も尊重しなければならない。
   ④ 寄付者が公開された寄付をしなければ人々の参加を誘導できない。

※ [18~19] 다음을 읽고 물음에 답하십시오.

> 대학교 등록금을 벌기 위해 6개월 전부터 영화관에서 아르바이트를 했다. 그동안 열심히 일해서 동료들이나 손님들에게 칭찬을 많이 받았다. 영화관에서 아르바이트를 하니까 영화도 무료로 볼 수 있고 사람을 대하는 방법도 배울 수 있어서 좋은 것 같다. 얼마 전에 새로 아르바이트생이 들어왔다. 내가 처음 아르바이트를 시작했을 때가 생각나서 여러 가지를 가르쳐 주었는데 실수도 너무 많이 하고 일도 잘 못했다. 그래도 나는 계속 참고 있었는데 어제는 결국 화를 내고 말았다. 그 모습을 본 점장님이 웃으시면서 "개구리 올챙이 적 생각 못 한다더니 너도 처음엔 그랬어. 화내지 말고 잘 가르쳐 줘." 라고 말씀하셨다. <u>나는 얼굴이 빨개져서 아무 말도 할 수 없었다.</u>

📖 内容把握

アルバイトでの経験に関する内容である。「私」は、大学の授業料を稼ぐために映画館でアルバイトをしている。一生懸命仕事をしているので、褒められることも多い。映画も無料で見ることができ、接客の方法も学ぶことができてよい。最近、新しいアルバイトが来て、いろいろと助けてあげたのだが、その新しいアルバイトが仕事でよく失敗をする。我慢していたがついに怒ってしまった。しかし店長に、自分も最初はよく失敗したと言われ、「私」は恥ずかしい気持ちになった。

---

18. 밑줄 친 부분에 나타난 나의 기분으로 알맞은 것을 고르십시오.
    ① 간이 콩알만 해졌다
    ② 남의 떡이 커 보였다
    ③ 도둑이 제 발 저렸다
    ④ 쥐구멍을 찾고 싶었다

🔄 問題パターン

「私」の気分として適切なものを選ぶ問題

ℹ️ 問題説明

①간이 콩알만 해지다はとても心配になったり怖くなったりするという意味。「縮み上が

る」に相当する。②남의 떡이 커 보이다は他人の物がもっと良い物に見えるという意味。「隣の芝生は青い」に相当する。③도둑이 제 발 저리다は罪を犯すと自然と心がびくびくするようになることを比喩的に言う言葉。「後ろ暗ければ尻もちつく」に相当する。④쥐구멍을 찾고 싶다は恥ずかしかったり困ったりしてどこでもよいので隠れたいという意味。「穴があったら入りたい」に相当する。下線部の얼굴이 빨개져서 아무 말도 할 수 없었다というのは、あまりに恥ずかしかったという意味なので、④が正解である。

✔ 正解 ④

19. 이 글의 내용과 같은 것을 고르십시오.
① '나'는 취미로 아르바이트를 시작했다.
② '나'는 영화관에서 돈을 안 내고 영화를 볼 수 있다.
③ '나'는 새 아르바이트생이 처음 봤을 때부터 싫었다.
④ '나'는 일을 열심히 안 해서 동료들이 좋아하지 않았다.

問題パターン
文章の内容と一致するものを選ぶ問題

問題説明
- 「私」は大学の授業料のためにアルバイトを始めたので、①は誤答である。
- 「私」は映画館で無料で映画を見ることができているので、②が正解である。
- 「私」は新しいアルバイトが初めて来たときにいろいろなことを教えてあげ、失敗しても我慢したので、③は誤答である。
- 「私」は仕事を一生懸命やって褒められているので、④は誤答である。

キーセンテンス
영화관에서 아르바이트를 하니까 영화도 무료로 볼 수 있고 사람을 대하는 방법도 배울 수 있어서 좋은 것 같다.

✔ 正解 ②

[18~19] 次の文章を読み、質問に答えなさい。

　大学の授業料を稼ぐために6カ月前から映画館でアルバイトをしている。その間、一生懸命働いて同僚やお客さんからたくさん褒められた。映画館でアルバイトをしているので映画も無料で見られるし人に接する方法も学ぶことができていいと思う。少し前に、新しくアルバイトが入ってきた。私が初めてアルバイトを始めた時が思い出されていろいろ教えてあげたが、ミスもたくさんして仕事もあまりできなかった。それでも私は我慢し続けていたけど、昨日は結局怒ってしまった。その姿を見た店長が笑いながら「カエルはオタマジャクシの頃を覚えていないというけど、君も最初はそうだったよ。怒らずにちゃんと教えてあげなさい。」とおっしゃった。私は顔が赤くなり、何も言えなかった。

18. 下線を引いた部分に表れた私の気持ちとして適切なものを選びなさい。
　① 縮み上がった　　　　　　　　② 隣の芝が青く見えた
　③ 後ろめたかった　　　　　　　④ 穴があったら入りたかった

19. この文章の内容と同じものを選びなさい。
　① 「私」は趣味でアルバイトを始めた。
　② 「私」は映画館でお金を払わずに映画を見られる。
　③ 「私」は新しいアルバイトが初めて会った時から嫌いだった。
　④ 「私」は仕事を一生懸命しないので同僚から嫌われていた。

※[20] 다음 글에서 <보기>의 문장이 들어가기에 가장 알맞은 곳을 고르십시오.

요즘 애완동물을 키우는 사람들이 늘어나고 있다. (㉠) 이는 1인 가구가 증가하면서 혼자 지내는 사람들이 많아져서 애완동물에 대한 관심이 커진 것으로 볼 수 있다. (㉡) 이 외에 애완동물을 키우는 또 다른 이유는 없을까? (㉢) 즉 사람들은 애완동물을 키우는 과정에서 자신이 사랑받고 필요한 존재라는 느낌을 받는다는 것이다. (㉣) 이들은 애완동물이 자신을 잘 따르므로 키우고 싶은 마음이 더 커진다고 말한다.

보기

연구 결과에 의하면 애완동물을 키움으로써 자신감과 안정감을 얻을 수 있다고 한다.

① ㉠   ② ㉡   ③ ㉢   ④ ㉣

問題パターン
<보기>の文が入るのに適切な場所を選ぶ問題

内容把握
ペットを飼う理由についての説明である。ペットを飼う人が増えているが、その理由は一人暮らしが増えているからである。また、ペットを育てることで自信が湧き、安心感を得ることができるという理由もある。ペットは人によく懐くため、飼いたい気持ちが大きくなるのである。

問題説明
즉と~다는 것이다によって<보기>の文を説明しているので、즉の前に<보기>の文が来なければならない。

キーセンテンス
즉 사람들은 애완동물을 키우는 과정에서 자신이 사랑받고 필요한 존재라는 느낌을 받는다는 것이다.

✓ 正解 ③

[20] 次の文章で、〈보기〉の文が入るのに最も適切な場所を選びなさい。
20. 最近ペットを飼う人が増えている。 （ ㉠ ） これは一人世帯が増え、一人で過ごす人が増えることでペットに対する関心が大きくなったものと見ることができる。 （ ㉡ ） この他に、ペットを飼う別の理由はないだろうか？ （ ㉢ ） すなわち、人はペットを飼う過程で自分が愛されて必要な存在だという感じを受けるということだ。 （ ㉣ ） 彼らはペットが自分によく従うので育てたい気持ちがより大きくなると言っている。

〈보기〉
研究結果によると、ペットを飼うことによって自信と安定感を得られるという。

※ [21~22] 다음을 읽고 물음에 답하십시오.

> '윗물이 맑아야 아랫물이 맑다'는 속담이 있다. 물이 위에서 아래로 흐르므로 윗물이 맑으면 아랫물도 당연히 맑을 것이다. 이 속담은 윗사람이 잘하면 아랫사람도 따라서 잘하게 된다는 의미로 해석될 수 있다. 자녀가 부모로부터 받는 영향을 한 예로 들 수 있다. 부모의 올바른 행동을 보고 자라는 아이들은 대부분 부모의 좋은 점을 따라 하게 된다. 이에 반해 부모의 잘못된 모습을 보고 자라는 아이들은 자신도 모르는 사이에 그런 부모를 닮아 가게 되는 경우가 많다. 부모가 자녀에게 (   ) 삶을 살아야 아이들도 부모를 따라 다른 사람에게 부끄럽지 않은 어른으로 성장하게 될 것이다.

📖 内容把握

「上清ければ下濁らず」という意味のことわざに倣い、親子関係を例に挙げながら、人間の上下関係の在り方に対する筆者の考えを述べている。上流の水が下流の水に影響を与えるのと同じように、子どもは親の行いを見習って成長する。そのため、子どもの健全な育成には、手本となる親の生き方が重要である。このように、上の地位に立つ人は下の者に模範を示さなければならないと主張している。

21. 이 글의 주제로 알맞은 것을 고르십시오.
    ① 자녀는 부모를 닮으려고 노력해야 한다.
    ② 부모는 아이들 앞에서 잘못을 분명히 따져야 한다.
    ③ 아랫사람이 윗사람의 영향을 받아 잘못을 저지를 수도 있다.
    ④ 윗사람은 아랫사람에게 영향을 주므로 행동을 잘해야 한다.

🔁 問題パターン

主題、すなわち文で中心になる考えや内容を選ぶ問題

問題説明

子どもが努力をすることについては述べられていないので、①は誤答である。また、親が子どもを叱ることについては述べられていないので、②は誤答である。③と④は、共に本文の内容と合致するが、主題とは単に内容が一致するだけでなく、筆者の主張の核心でなければならない。筆者は、上の地位に立つ者は下の者に模範を示さなければならないと主張しているので、④が正解である。

キーセンテンス

이 속담은 윗사람이 잘하면 아랫사람도 따라서 잘하게 된다는 의미로 해석될 수 있다.

✓ **正解** ④

---

22. ( )에 들어갈 내용으로 가장 알맞은 것을 고르십시오.
    ① 잘못을 꾸짖는 ② 모범이 되는
    ③ 발전을 원하는 ④ 사랑을 전해 주는

問題パターン

空欄に入れるのに適切な内容を選ぶ問題

問題説明

前の部分で、親が子どもに良い影響を与える場合と悪い影響を与える場合のそれぞれについて述べた後、子どもがきちんとした人間に成長するための条件を提示しているので、②が正解である。

✓ **正解** ②

[21~22] 次の文章を読み、質問に答えなさい。

「川上の水が澄んでこそ川下の水が澄む」ということわざがある。水は上から下へと流れるので、川上の水が澄んでいれば川下の水も当然澄んでいるはずだ。このことわざは、上の人間がきちんとしていれば下の人間もそれをまねてきちんとするようになるという意味に解釈できる。子どもが親から受ける影響を一例に挙げることができる。親の正しい行いを見て育つ子どもたちは、ほとんどが親の良いところをまねするようになる。これに対して、親の間違いを犯す姿を見て育つ子どもたちは、自らも知らないうちにそうした親に似ていくようになることが多い。親が子どもに( )人生を生きてこそ、子どもたちも親をまねて、他人が見ても恥ずかしくない大人に成長するだろう。

21. この文章の主題として適切なものを選びなさい。
  ① 子どもは親に似ようと努力しなければならない。
  ② 親は子どもたちの前で間違いを明確に問い詰めなければならない。
  ③ 下の人間が上の人間の影響を受けて間違いを犯すこともある。
  ④ 上の人間は下の人間に影響を与えるので、しっかりした行いをしなければならない。

22. (　　　)に入れる内容として最も適切なものを選びなさい。
  ① 間違いを叱る　　② 模範になる　　③ 発展を願う　　④ 愛を伝えてあげる

※ [23~25] 다음을 읽고 물음에 답하십시오.

> 경제 성장을 위해 노력하던 시기에는 일이 가장 가치 있는 것으로 여겨졌으며 개인이 여유 시간을 갖는 것은 사치로 생각됐다. 그 시대에는 경제 발전을 이루는 것이 가장 중요했으므로 이런 생각은 당연했다고 본다. 그러나 한국이 경제 발전을 이루고 주 5일 근무제가 실시되면서 한국인들의 여가에 대한 인식도 바뀌었다. 일하는 데에만 시간을 쓰기보다는 여가를 위해서도 시간을 써야 한다고 생각하는 사람들이 늘어난 것이다. 현대 직장인들 사이에서 (   ) 가치관이 빠르게 퍼지고 있다. 그러면서 사람들은 돈을 많이 벌지 못하거나 높은 지위에 오르지 못하더라도 시간의 여유를 누릴 수 있는 직장을 선택하게 되었다. 이들은 여가 시간을 즐겨야 일에 더 집중할 수 있고 일의 생산성과 개인의 삶의 질을 높일 수 있다고 생각한다. 이러한 가치관은 일과 여가의 균형을 이루어 가고 있다는 점에서 긍정적으로 평가할 만하다.

📖 **内容把握**

余暇に対する認識の変化を説明しながら、余暇が必要だという価値観を支持する内容である。経済発展を遂げる前は、時間のゆとりを持つのはぜいたくだと考えられていた。しかし、経済発展を遂げた後は余暇に対する認識が変わった。余暇のためにも時間を使わないといけないという考えが生まれ、最近のサラリーマンはお金や高い地位より時間の余裕を持つことができる職場を好むようになった。彼らは、余暇の時間を持つことで仕事の生産性と人生の質をさらに上げることができるという考えを持っている。このような価値観は十分肯定的に考えられる。

23. 필자가 이 글을 쓴 목적을 고르십시오.
　　① 한국인들의 여가 생활을 설명하기 위해
　　② 일하는 시간을 줄일 것을 요구하기 위해
　　③ 여가를 사치로 여겼던 시대를 비판하기 위해
　　④ 여가 시간이 필요하다는 가치관을 지지하기 위해

問題パターン
文章を書いた目的を選ぶ問題

問題説明
余暇の価値に対する認識の変化を説明してその認識の変化が十分肯定的に評価できると述べているので、④が正解である。

キーセンテンス
이러한 가치관은 일과 여가의 균형을 이루어 가고 있다는 점에서 긍정적으로 평가할 만하다.

✓ 正解　④

24. (　　)에 들어갈 내용으로 가장 알맞은 것을 고르십시오.
　　① 쉬려면 일을 해야 한다는
　　② 일한 만큼 돈을 벌 수 있다는
　　③ 잘 쉬어야 일도 잘할 수 있다는
　　④ 높은 지위에 오르면 쉴 수 있다는

問題パターン
空欄に入れるのに適切な内容を選ぶ問題

問題説明
サラリーマンが余暇のために時間を使わなければならないと考え、お金や地位よりも時間の余裕を持つことができる職場をより好むようになったという内容なので、③が正解

である。

✓ 正解 ③

25. 밑줄 친 부분에 나타난 필자의 태도로 알맞은 것을 고르십시오.
① 여가를 즐기지 못했던 시대의 사람들을 동정하고 있다.
② 여유 시간을 갖지 못한 시대의 문제점을 지적하고 있다.
③ 여유를 사치로 여긴 시대가 바람직하다고 주장하고 있다.
④ 일을 가장 중요하게 여긴 시대의 가치관을 분석하고 있다.

🔁 問題パターン
筆者の立場、すなわち文章を書いた人が文章の内容についてどのような立場を持っているのかについて探す問題

ℹ️ 問題説明
まだ経済が発展していない時期には経済発展を遂げることが最も重要だったので、時間のゆとりを持つことをぜいたくだと考えたのは当然だったというのが筆者の考えである。このような筆者の考えは、その時代の価値観を分析して述べていると考えられるので、④が正解である。

✓ 正解 ④

[23~25] 次の文章を読み、質問に答えなさい。
　経済成長のために努力していた時期には、仕事が一番価値のあることと見なされ、個人が余裕時間を持つことはぜいたくと考えられた。その時代には、経済発展を遂げることが一番重要だったのでこのような考えは当然だと思う。しかし、韓国が経済発展を遂げて週休2日制が実施され、韓国人たちの余暇に対する認識も変わった。働くことにのみ時間を使うよりは、余暇のためにも時間を使わなければならないと考える人が増えたのだ。現代のサラリーマンの間で（　　　）価値観が急速に広がっている。そうして、人々はお金をあまり稼げなかったり高い地位に就けなかったりしても時間の余裕を楽しめる職場を選ぶようになった。彼らは余暇時間を楽しんでこそ仕事により集中でき、仕事の生産性と個人の生活の質を高められると思っている。このような価値観は仕事と余暇のバランスを成していきつつあるという点で肯定的に評価できる。

模擬試験 2 解説　読解

23. 筆者がこの文章を書いた目的を選びなさい。
　① 韓国人の余暇生活を説明するため
　② 働く時間を減らすことを要求するため
　③ 余暇をぜいたくと見なした時代を批判するため
　④ 余暇時間が必要だという価値観を支持するため

24. （　　　　）に入れる内容として最も適切なものを選びなさい。
　① 休むには仕事をしなければならないという
　② 働いた分お金を稼げるという
　③ ちゃんと休んでこそ仕事もちゃんとできるという
　④ 高い地位に就けば休めるという

25. 下線を引いた部分に表れた筆者の態度として適切なものを選びなさい。
　① 余暇を楽しめなかった時代の人に同情している。
　② 余裕時間を持てなかった時代の問題点を指摘している。
　③ 余裕をぜいたくと見なした時代が望ましいと主張している。
　④ 仕事を最も重要と見なした時代の価値観を分析している。

模擬試験 2　正解

※「聞き取り」問題と「読解」問題の配点は各2点です。「書き取り」問題の配点はP.18〜20をご参照下さい。

聞き取り

問題	正解	レベル
1	①	3級下
2	②	3級下
3	③	4級下
4	②	3級下
5	①	3級上
6	④	3級中
7	①	3級上
8	③	4級下
9	④	4級中
10	④	3級中
11	③	4級下
12	④	3級上
13	②	3級上
14	③	4級中
15	②	4級下
16	③	4級中
17	②	4級中
18	①	4級上
19	④	4級上
20	③	4級上
21	④	4級上
22	④	4級上
23	③	4級上
24	④	4級上
25	④	5級下

書き取り

問題	レベル
26	3級下〜3級中
27	3級中〜4級下
28	3級〜4級
29	4級上

読解

問題	正解	レベル
1	④	3級中
2	③	4級下
3	①	3級中
4	②	4級上
5	②	3級中
6	①	3級上
7	①	4級下
8	③	4級中
9	①	4級中
10	②	4級中
11	②	4級下
12	③	3級中
13	④	4級中
14	①	4級中
15	④	4級上
16	③	4級中
17	②	4級中
18	④	4級上
19	②	4級上
20	③	4級中
21	④	4級上
22	②	4級上
23	④	4級上
24	③	4級上
25	④	4級上

付録 1　　原稿用紙の書き込み方

　原稿用紙に韓国語を書き込む場合には一定のルールがありますので、ここでそれらについて見ていくとともに、短い文章を使って、実際に練習してみましょう。

原稿用紙記入のルール

① 段落の先頭は1マス空けます (段落が変わるごとに空けます)。
② 띄어쓰기 (分かち書き) に該当する部分は1マス空けますが、行の先頭に来る場合はマスを空けずに詰めます。
③ 「,」「.」は<u>1マスに入れますが</u>、その後は1マス空けずに次の文字を書きます。また、行の先頭のマスに来る場合は、先頭のマスには入れず、その前の行の<u>最後の文字に付</u>けて入れます。

①	거	리	를	②	걷	다	가	②	과	일		가	게		앞	에	서		발
을		멈	추	었	다	.	③	노	란		유	자	가		햇	볕		속	에	서
② 뗘	을		감	고		있	는		듯	이		보	였	다	.	③			
①	알	고		있	겠	지	만	,	④	유	자	는		그	대	로		먹	는
과	일	이	라	기	보	다	는		향	기	를		주	는		열	매	이	다	. ③

④ 疑問符「?」や感嘆符「!」は1マスに入れ、次のマスを一つ空けます。

| 한 | 국 | ! | ④ | | 한 | 국 | 이 | 다 | . | | 내 | 가 | | 가 | 고 | | 싶 | 었 | 던 |

⑤ 引用符「" "」「' '」は、それぞれ1マスに入れます。

| ⑤ | ' | 인 | 연 | ' | ⑤ | 은 | | 유 | 명 | 한 | | 소 | 설 | 이 | 다 | . | | |

⑥ただし、「" "」「' '」を使った引用文で、文の句点と重なった場合は、引用符と句点を1マスに一緒に書きます。

| 나는 | | " 비 | 때문에 | 늦었어요⑥." | 라고 | 변 |
| 명했다. | | | | | | |

⑦「?」や「!」の後に引用符を書く場合は、それぞれ1マスに入れます。

| | " 무엇을 | 먹었어요? | "⑦ | 라고 | 물었다. |

なお、「" "」と「' '」には使い分けがあります。「" "」は文の中で人の言葉を引用するときや対話文を表示するときに使われ、「' '」は「" "」の中でさらに引用する場合や心の中で言った言葉を書くとき、あるいは重要な部分を強調するときなどに使われます。

⑧英字の大文字を書く場合は、1マスに1文字書きます。

| ⑧K | O | R | E | A | 라고 | 써 | 있었다. | | |

⑨英字の小文字や数字を書く場合は、1マスに2文字ずつ書きます。文字数が奇数の場合は、最後の1文字を1マスに書きます。小数点は、ピリオドと同じように1マスに入れるか、次の数字1文字と一緒に1マスに入れます。「%」は1マスに入れますが、行の先頭のマスに来る場合は、先頭のマスには入れず、その前の行の最後の文字に付けて入れます。

| ha | pp | y | | bi | rt | hd | ay | | 19 | 99 | 년 | | 15 | 0 | 명 | | |
| 11 | 6 | . | 5 | 시간 | | 11 | 6 | .5 | 시간 | | 50 | % | | | | | 50% |

付録 2　「書き取り」練習問題

「書き取り」領域で出題される問題のうち、中級レベルに該当する空欄埋め問題（本書模擬試験中26番、27番の問題）と200〜300字の作文問題（本書模擬試験中28番の問題）を2問ずつ掲載しました。作文の練習にご活用ください。解答例と訳はP.258に掲載しました。

[26-1] 다음을 읽고 ㉠과 ㉡에 들어갈 말을 각각 한 문장으로 쓰십시오.

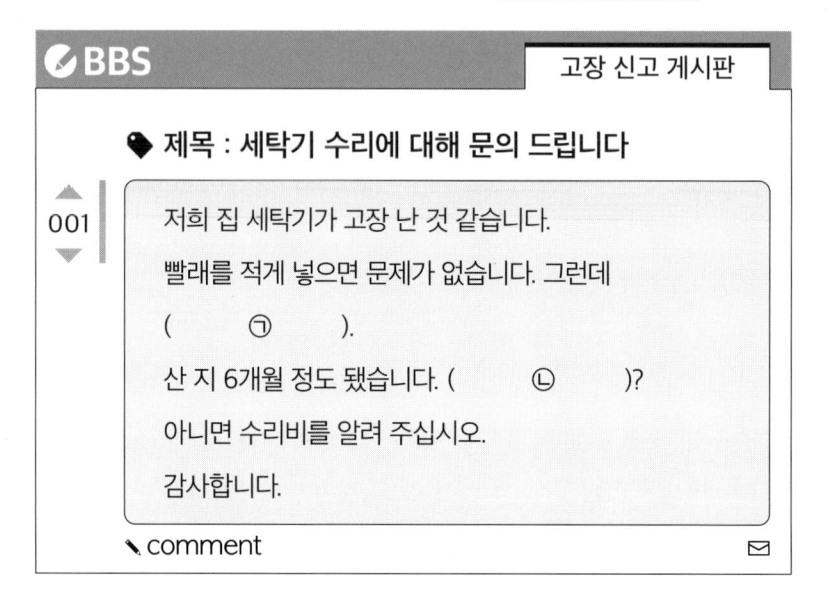

✿ BBS　　　　　　　　　　　　　　　　고장 신고 게시판

🏷 제목 : 세탁기 수리에 대해 문의 드립니다

001
저희 집 세탁기가 고장 난 것 같습니다.
빨래를 적게 넣으면 문제가 없습니다. 그런데
(　　㉠　　).
산 지 6개월 정도 됐습니다. (　　㉡　　)?
아니면 수리비를 알려 주십시오.
감사합니다.

✎ comment　　　　　　　　　　　　　　　　✉

26-1	㉠	
	㉡	

[26-2] 다음을 읽고 ㉠과 ㉡에 들어갈 말을 각각 한 문장으로 쓰십시오.

Q 휴대폰을 찾습니다.

어제 저녁 6시쯤 한국대학교에서 서울역으로 가는 택시를 탔습니다.
그런데 (㉠).
제 휴대폰에 전화를 걸어도 신호는 가지만 아무도 받지 않고 차량 번호도 기억나지 않습니다.
(㉡)?
좋은 방법을 아는 분은 좀 알려 주십시오.

26-2	㉠	
	㉡	

[27-1] 다음을 읽고 ㉠과 ㉡에 들어갈 말을 <u>각각 한 문장으로</u> 쓰십시오.

겨울이 되면 나무는 추위를 견뎌야 한다. 그래야 봄에 꽃을 피우고 (㉠). 사람이 어려움을 겪을 때도 마찬가지이다. 아무리 (㉡). 그렇지 않으면 더 훌륭한 사람이 되거나 더 큰 성공을 하기 어렵다.

27-1	㉠
	㉡

[27-2] 다음을 읽고 ㉠과 ㉡에 들어갈 말을 각각 한 문장으로 쓰십시오.

> 가정에서 아이를 교육하는 방법이 달라지고 있다. (㉠). 그런데 요즘에는 부모들이 아이가 잘못을 해도 아이가 어리기 때문에 그냥 넘어가는 경우가 있다. 그러나 아이가 클수록 잘못은 고치기 힘들어진다. 따라서 (㉡).

27-2	㉠
	㉡

[28-1] 다음 그래프를 보고 한국의 성인 남녀가 결혼 상대를 선택할 때 중요하게 생각하는 조건이 무엇인지 비교하고 그에 대한 자신의 생각을 200~300자로 쓰십시오.

한국의 20~30대 남녀 1,700명을 대상으로 '결혼 상대를 선택할 때 중요하게 생각하는 조건'에 대해 설문조사를 하였다.

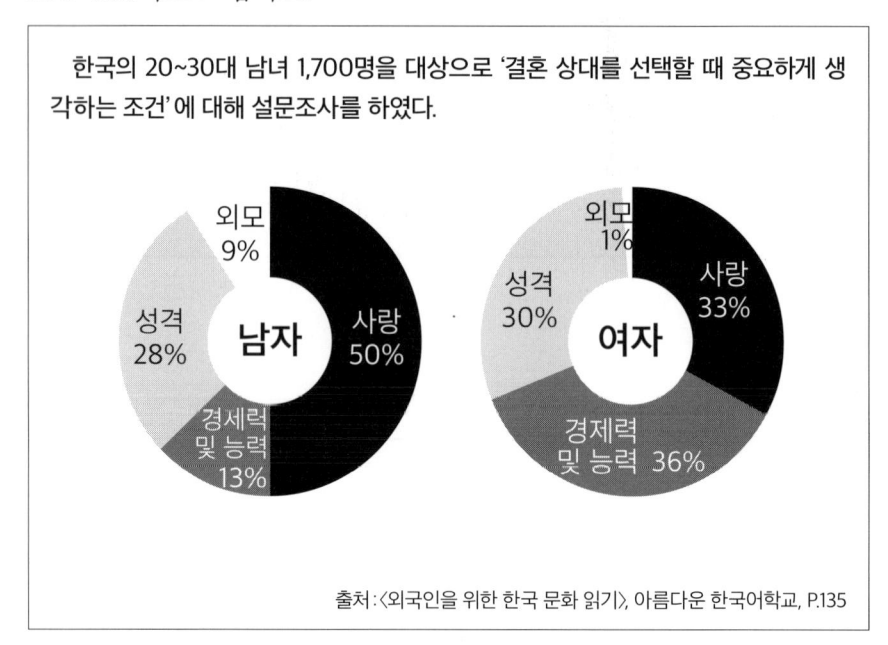

남자
외모 9%
성격 28%
사랑 50%
경제력 및 능력 13%

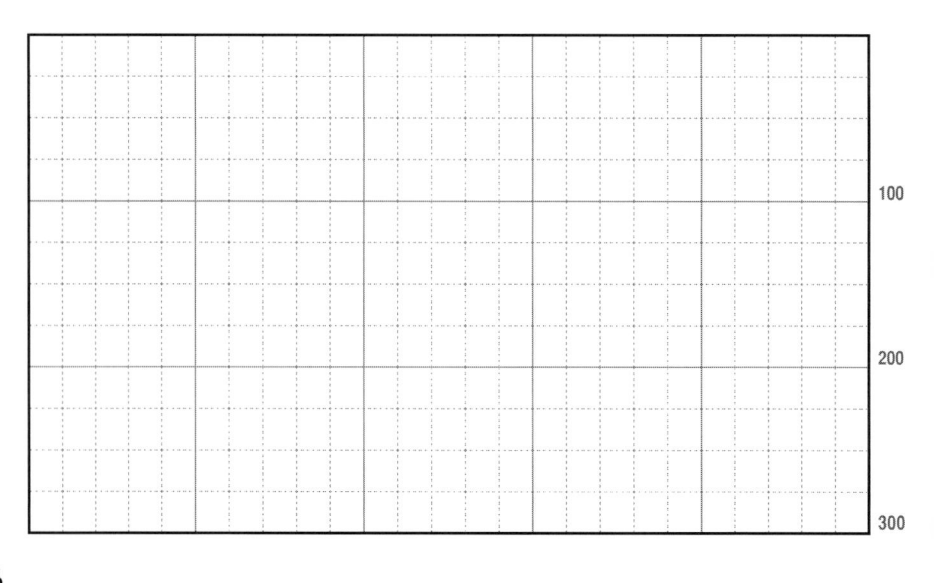

여자
외모 1%
성격 30%
사랑 33%
경제력 및 능력 36%

출처 : 〈외국인을 위한 한국 문화 읽기〉, 아름다운 한국어학교, P.135

[28-2] 다음 그래프를 보고 한국인 한 명이 1년 동안 소비하는 쌀의 양과 고기의 양이 어떻게 달라졌는지 비교하고 그에 대한 자신의 생각을 200~300자로 쓰십시오.

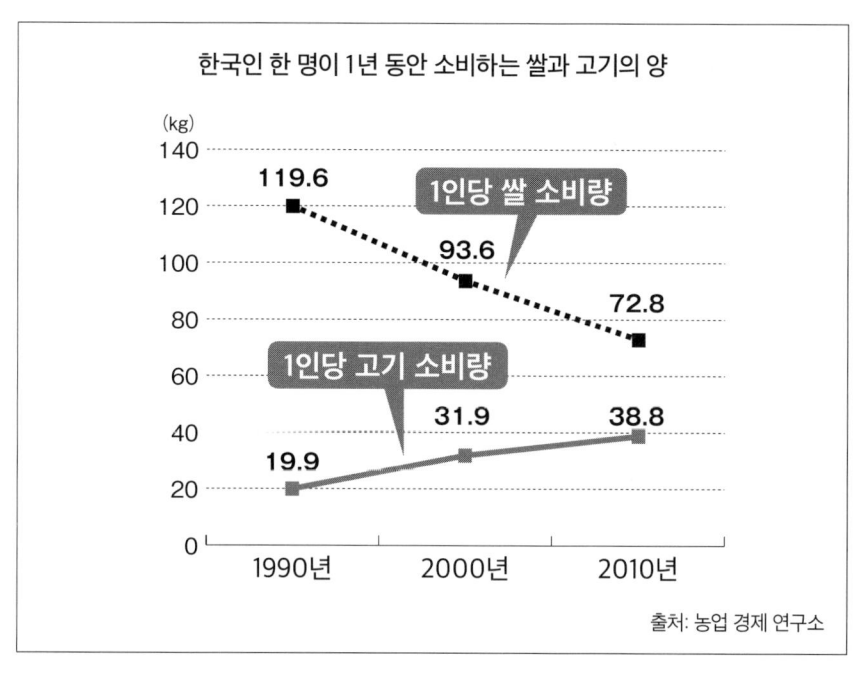

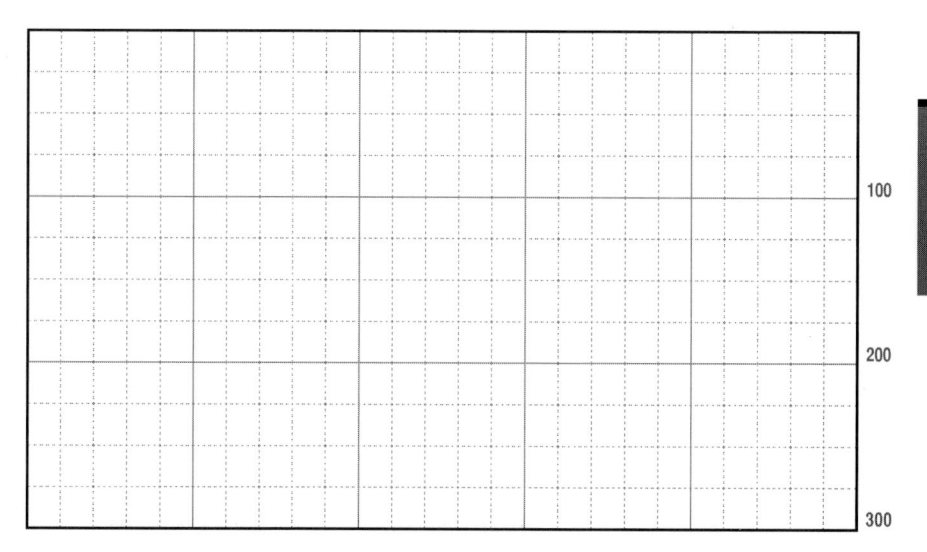

한국인 한 명이 1년 동안 소비하는 쌀과 고기의 양

(kg)

1인당 쌀 소비량: 119.6 (1990년), 93.6 (2000년), 72.8 (2010년)

1인당 고기 소비량: 19.9 (1990년), 31.9 (2000년), 38.8 (2010년)

출처: 농업 경제 연구소

■「書き取り」練習問題 解答例と訳

[26-1]
㉠ 많이 넣으면 세탁이 안 됩니다
　많이 넣으면 소음이 많이 납니다
　많이 넣으면 세탁기가 안 돌아갑니다
㉡ 무료로 수리가 가능할까요
　무료로 수리를 받을 수 있을까요
　무료로 서비스를 받을 수 있을까요

故障申告掲示板
タイトル：洗濯機修理について問い合わせします

うちの洗濯機が故障したようです。
洗濯物が少ない時は問題ありません。ですが、(　㉠　)。
買って6カ月ほどになります。(　㉡　)？
でなければ、修理費を教えてください。
ありがとうございます。

㉠ たくさん入れると洗濯ができません
　たくさん入れると大きな騒音が出ます
　たくさん入れると洗濯機が回りません
㉡ 無料で修理可能でしょうか
　無料で修理を受けられるでしょうか
　無料でサービスを受けられるでしょうか

[26-2]
㉠ 휴대폰을 택시에 두고 내렸습니다
　휴대폰을 택시에 놓고 내린 것 같습니다
㉡ 어떻게 하면 휴대폰을 찾을 수 있을까요
　어떻게 해야 휴대폰을 찾을 수 있을까요

> Q 携帯電話を探しています。
>
> 昨日の夕方6時ごろ、韓国大学からタクシーに乗ってソウル駅に行きました。
> ところが、(　㉠　)。
> 私の携帯電話に電話をかけても、呼び出し音は鳴りますが誰も出ず、車両番号も思い出せません。
> (　㉡　)？
> いい方法を知っている方は教えてください。
>
> ㉠ 携帯電話をタクシーに置いて降りました
> 　携帯電話をタクシーに置いて降りたようです
> ㉡ どうすれば携帯電話を見つけられるでしょうか
> 　どうすれば携帯電話を見つけられるでしょうか

[27-1]
㉠ 더 크게 자랄 수 있다
　더 큰 나무로 자랄 수 있다
㉡ 힘들어도 어려움을 견뎌야 한다

> 冬になると、木は寒さに耐えなければならない。そうしてこそ、春に花を咲かせ、(　㉠　)。人が困難を経験したときも同じだ。いくら(　㉡　)。そうでなければ、より立派な人になったり、より大きな成功を収めたりするのは難しい。
>
> ㉠ より大きく成長できる
> 　より大きな木に成長できる
> ㉡ つらくても困難に耐えなければならない

[27-2]
㉠ 예전에는 아이가 잘못을 할 때 부모들이 야단을 쳤다
   예전에는 아이가 잘못을 하면 부모들이 그 잘못을 고쳐 주었다
㉡ 부모들은 아이가 어렸을 때 잘못을 고쳐 줘야 한다

> 家庭で子どもを教育する方法が変わってきている。(　㉠　)。しかし、最近は両親が子どもが過ちを犯してもまだ幼いからとそのまま見過ごすことがある。しかし、子どもが大きくなるほど過ちは正すのが難しくなる。従って、(　㉡　)。
>
> ㉠ 以前は子どもが過ちを犯したときに父母が叱った
>   以前は子どもが過ちを犯したら父母がその間違いを正してあげた
> ㉡ 父母は子どもが幼い時に過ちを正してあげなければならない

[28-1]

| 20~30대 한국 성인 남녀를 대상으로 '결혼 상대를 선택할 때 중요하게 생각하는 조건'에 대해 설문조사를 실시한 결과 남자의 경우 사랑이 전체의 절반인 50%로 가장 높았으며 성격이 28%, 경제력 및 능력이 13%로 그 뒤를 이었다. 반면에 여자는 경제력 및 능력이 36%로 가장 높았으며 사랑이 33%, 성격이 30%로 조사되었다. 외모는 남자와 여자 각각 9%와 1%, 남녀 모두 가장 덜 중요하게 생각하는 것으로 나타났다. 이러한 결과를 통해 남자와 여자는 결혼 상대에 대해 중요하게 생각하는 조건이 다르다는 것을 알 수 있다. |

次のグラフを見て韓国の成人男女が結婚相手を選択するときに重視する条件を比較し、それに対する自分の考えを200〜300字で書きなさい。

韓国の20〜30代の男女1700人を対象に、「結婚相手を選ぶとき、重視する条件」についてアンケートをした。

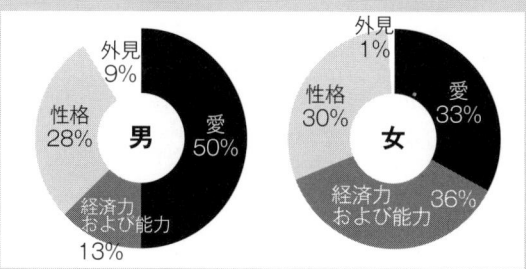

男: 愛50%、性格28%、経済力および能力13%、外見9%
女: 経済力および能力36%、愛33%、性格30%、外見1%

出典:『外国人のための韓国文化リーディング』、美しい韓国語学校、P.135

20〜30代の韓国の成人男女を対象に'結婚相手を選ぶときに重視する条件'についてアンケートを実施した結果、男性の場合は愛が全体の半数である50%で最も高く、性格が28%、経済力および能力が13%と続いた。一方、女性は経済力および能力が36%で最も高く、愛が33%、性格が30%と調査結果が出た。外見は男性と女性それぞれ9%と1%となっており、重要度が最も低い条件であることが明らかになった。このような結果から、男性と女性は結婚相手に関して重要だと考える条件が異なるということが分かる。

[28-2]

	한국인의		식생활이		바뀌고		있다.	농업	경제	연
구소의		조사에		따르면		한국인	한	명이	1년	동
안		소비하는		쌀의		양은	1990년에는		119.6kg이었	
던	것이	2010년에는		72.8kg으로		20년		사이에	50	
kg	가까이	줄어든		것으로		나타났다.	반면에		1990	
년에	19.9kg이었던		고기		소비량은		꾸준히		늘어나	
서	2010년에는		38.8kg으로		20년		전과		비교해	두
배	가까이	증가했다.		이러한		결과로		볼	때	쌀을

주식으로 하는 한국인들의 쌀 소비가 줄어든 대신 한국인들도 서양인들처럼 고기를 많이 소비하고 있다는 것을 알 수 있다.

次のグラフを見て韓国人1人が1年間で消費する米の量と肉の量がどのように変わったのかについて比較し、それに対する自分の考えを200〜300字で書きなさい。

韓国人1人が1年間に消費する米と肉の量

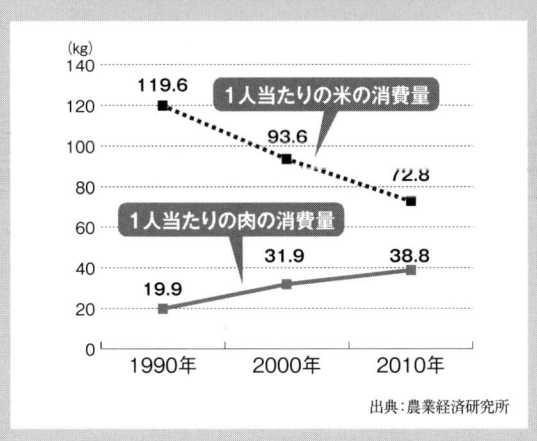

(kg)
- 1人当たりの米の消費量: 1990年 119.6、2000年 93.6、2010年 72.8
- 1人当たりの肉の消費量: 1990年 19.9、2000年 31.9、2010年 38.8

出典：農業経済研究所

　韓国人の食生活が変わってきている。農業経済研究所の調査によると、韓国人1人が1年間で消費する米の量は1990年には119.6kgだったのが2010年には72.8kgと、20年の間に50kg近く減少する結果となった。一方、1990年に19.9kgだった肉の消費量は着実に増え、2010年には38.8kgと、20年前と比較して約2倍に増加した。このような結果に基づいて考えると、米を主食とする韓国人の米の消費量が減った代わりに韓国人も西洋人のように肉を多く消費していることが分かる。

付録 3　文法項目まとめ

本書で使われた中級文法項目の一覧です。実際の試験でも出てくる可能性がありますので、しっかり覚えておきましょう。

【参照先の見方】冒頭の数字は「模擬試験1」か「模擬試験2」かを、その次の「듣」は듣기領域、「쓰」は쓰기領域、「읽」は읽기領域を、その次の数字は問題番号を示しています。末尾に「C」の字がある場合は選択肢であることを、ない場合は問題文もしくは読み上げ文であることを表します。

文法項目	日本語訳	参照先(本書で使われている場所)
【助詞】		
~(이)나	~か、~や、~でも、~も	1듣11, 1듣18, 1듣20, 1듣24, 2듣6, 2듣7, 2듣8, 2듣9, 2듣22, 2듣24, 2읽18
~대로	~のとおりに、~のままに	1읽20
~만큼	~ほど、~くらい	1듣10
~뿐	~だけ、~のみ	1읽5
~아/야	(人名などに付けて)~や、~よ	1듣2, 1듣16
~(은/는)커녕	~はおろか、~どころか	2읽13
【連結語尾】		
-길래	~するので、~(な)ので	1읽3C
-느라고	~しようと、~するために、~するのに	1듣15C, 1읽1C
-더니	~したのに、~かったのに、~だったのに、~するなり	2읽2C
-더라도	~するとしても、~(だ)としても	1읽16, 2듣24, 2읽2C, 2읽23
-던데	~したんだけど、~かったんだけど、~だったんだけど	1듣16, 2듣22
-도록	~するように、~するほどに、~しても	1쓰26, 1읽10, 1읽23, 2듣8, 2읽16C
-자마자	~するやいなや、~したらすぐに	2듣12
-(ㄴ/는)다면	~するなら、~なら	1읽18, 1읽20, 2듣10C, 2읽11
-(으)ㄴ/는/(으)ㄹ지	~するのか、~(な)のか	1듣5, 1듣18, 1읽14, 2듣7, 2듣11, 2듣16, 2듣18, 2쓰29, 2읽14
-(으)ㄹ수록	~するほど、~(な)ほど	1듣11C, 1듣23C, 1쓰29, 1읽2C, 1읽17C, 2듣23C

-(으)려면	～しようとすれば、 ～しようとするなら	1듣6, 1듣8C, 1듣9C, 1듣10C, 1듣11C, 1읽1C, 1읽13, 1읽17C, 2듣11C, 2듣19C, 2듣24, 2읽10C, 2읽11C, 2읽24C
-(으)며	～で、～であり、～しながら	1듣18, 1읽11, 1읽20, 2듣3, 2듣9, 2읽13, 2읽23
-(으)므로	～するので、～(な)ので	1읽10, 1읽11C, 1읽15, 1읽21, 2읽15, 2읽20, 2읽21, 2읽21C, 2읽23
-아/어도	～しても、～くても、～でも	1듣10, 1듣16, 1읽4C, 2듣6, 2듣14, 2듣23C, 2읽2, 2읽5, 2읽14, 2읽18
-아/어야	～してこそ、～しても	1듣6, 1듣8C, 1듣9, 1듣11C, 1듣12, 1듣12C, 1듣22, 1듣23C, 1듣24, 1쓰26, 1읽1C, 1읽7, 1읽8C, 1읽10C, 1읽13, 1읽23, 2듣2, 2듣8, 2듣8C, 2듣10C, 2듣11C, 2듣12C, 2듣18, 2듣19C, 2듣24, 2쓰29, 2읽8C, 2읽10C, 2읽17C, 2읽21, 2읽21C, 2읽23, 2읽24C

【連体形語尾】

-던	～した…、～かった…、 ～だった…	1듣12, 1듣18, 1듣19C, 1읽18, 1읽21, 2읽23

【終結語尾】

-거든(요)	～するんだよ、～(な)んだよ	1듣5C, 1듣11, 1듣12, 1듣18, 2듣6, 2듣7
-기에(는)	～するのに(は)	1듣22, 2듣12
-(는)구나	～するなあ、～するねえ、 ～(だ)なあ、～(だ)ねえ	1듣16
-나(요)?	～するのか	1듣9, 1듣20, 2듣5, 2듣20
-더라고(요)	～したんだよ、～していたよ、 ～かったよ、～だったよ	1듣11, 1듣16, 1듣18
-던데(요)	～したよ、～かったよ、～だったよ	2듣5
-잖아(요)	～するじゃないか、～じゃないか	1듣12, 2듣7, 2듣12, 2듣16
-(ㄴ/는)다고(요)	～するんだって、～(な)んだって	1듣11, 2듣10
-(ㄴ/는)다면서(요)?	～するんだって?、 ～(な)んだって?	1읽3C, 2듣12
-(으)ㄴ/는데(요)	～するんだね、～するけど、 ～するんだなあ、～(だ)ね、 ～(だ)けど、～(だ)なあ	1듣1, 1듣5, 1듣6, 1듣7, 1듣9, 1듣10, 1듣14, 1듣22, 1듣24, 2듣1, 2듣6, 2듣8, 2듣11, 2듣18, 2듣20, 2듣22, 2듣24
-(으)ㄴ가(요)?	～(な)のか	1듣22
-(으)니까(요)	～するからだ、～(だ)からだ	1듣10, 2듣5C
-아/어서(요)	～するからだ、～(だ)からだ	1듣5C, 2듣3

-아/어야지	~しなくちゃ、~くなくちゃ、~でなくちゃ	2듣12, 2듣16

【表現】

아무 ~도	何の~も	1듣15C, 2읽18
~에 대해(서)	~に対して、~に関して	1듣3, 1듣24, 1듣25C, 1쓰29, 1읽14C, 1읽21, 1읽25C, 2듣13C, 2듣16C, 2쓰29
~에 따라(서)	~によって、~従って	1듣12C, 1듣23C, 1쓰29, 1읽11, 2듣22, 2듣23C
~(으)로 인해(서)	~により、~が原因で	2듣9
~을/를 통해(서)	~を通じて	1듣21C, 2듣12C, 2듣24C
(마치) ~처럼	(まるで)~のように	1듣23C, 1읽18, 2듣20, 2읽15
-게 되다	~するようになる、~くなる、~になる	1듣16, 1듣18, 1쓰29, 1읽15, 1읽21, 2듣11, 2듣11C, 2듣16, 2듣18, 2듣21C, 2듣22, 2읽14, 2읽21, 2읽23
-게 하다	~するようにさせる、~するようにする、~くする、~にする	1듣11C, 1듣16, 1듣24, 1듣24C, 1읽6, 1읽20, 1읽21, 2듣12C, 2듣22C, 2읽5, 2읽15
-고(요)	~するし、~(だ)し	2듣4, 2듣10, 2듣16, 2듣18
-고 나서	~して、~し終わって	1듣12C, 1듣16, 2듣12
-고 말다	~してしまう	2읽18
-고 보면	~してみたら	1읽2C
-기 쉽다	~しやすい、~しがちだ	1듣11, 1듣11C, 1읽16, 1읽21C, 2읽15
-기 위해(서)	~するために	1듣16C, 1듣20, 1쓰29, 1읽1C, 1읽23, 1읽23C, 2듣16C, 2듣19C, 2쓰29, 2읽15, 2읽17C, 2읽18, 2읽23C
-기/게 마련이다	~するものだ	2읽4
-기는 하지만	~することはするが、~ではあるが、~くはあるが	1듣10
-나 보다	~するようだ、~しているようだ	1듣4
-는 (도)중에	~しているところに	2읽3C
-는 길에	~する途中に、~するついでに	2듣6, 2읽3
-는 대신(에)	~する代わりに	1듣11, 2읽3C
-는 데 (좋다/나쁘다)	~するのに(よい・悪い)	1듣19C, 2읽11
-는 바람에	~したせいで、~した拍子に	1읽4, 2읽3C, 2읽13
-는 사이에	~する間に	2읽21
-는 통에	~したせいで	1읽4C
-는 한	~する限り	1읽4C
-(ㄴ/는)다거나	~するとか、~(だ)とか	1읽3C

-(ㄴ/는)다고 하다	～するそうだ、～しているそうだ、 ～(だ)そうだ	1듣11, 1듣22, 1쓰26, 1쓰27, 2듣5C, 2듣20, 2듣22, 2읽20
-(ㄴ/는)다기에	～するというので、 ～(だ)というので	1읽3
-(ㄴ/는)다길래	～するというので、 ～(だ)というので	1읽3C
-(ㄴ/는)다더니	～するといっていたが、 ～(だ)といっていたが	1읽3C, 2읽18
-(ㄴ/는)다던데	～するといっていたが、 ～(だ)といっていたが	1듣12
-다(가) 보니(까)	～しているうちに、～していたら	1듣18, 2듣11
-다(가) 보면	～していると	2읽2C
-(으)ㄴ/는 김에	～するついでに、 ～したついでに	1읽2C
-(으)ㄴ/는 데다(가)	～する上に、～(な)上に	1듣12, 2읽3C
-(으)ㄴ/는 만큼	～するくらい、～(な)くらい	1읽2C, 2읽24C
-(으)ㄴ/는 반면(에)	～する反面、～(な)反面	2듣24
-(으)ㄴ/는 법이다	～するものである、 ～(な)ものである	2읽4C
-(으)ㄴ/는/(으)ㄹ 모양이다	～するようだ、～(な)ようだ	2읽1C
-(으)ㄴ/는/(으)ㄹ 셈이다	～するというわけだ、 ～というわけだ	2듣11, 2읽4C
-(으)ㄴ/는/(으)ㄹ 줄 모르다/알다	～することができない／できる、 ～すると思っていない／思っている	1듣18, 1읽18, 2읽1, 2읽13
-(으)ㄴ 채(로)	～したまま	2듣20
-(으)ㄴ 척하다	～するふりをする、 ～(な)ふりをする	2읽1C
-(으)ㄴ가 보다	～みたいだ、～らしい、 ～(な)ようだ	1듣11, 1듣18
-(으)ㄹ 리가 없다	～するはずがない、 ～(な)はずがない	2읽4C
-(으)ㄹ 만하다	～するに値する	1듣7, 2듣5C, 2읽23
-(으)ㄹ 뿐이다	～するだけだ、～(な)だけだ、 ～するばかりだ、～(な)ばかりだ	1읽21
-(으)ㄹ 지경이다	～するほどだ、～(な)ほどだ	2읽4C
-(으)ㄹ 테니(까)	～するつもりだから、 ～するはずだから、 ～(な)はずだから	1듣12

-(으)ㄹ 텐데	~するはずなので、 ~(な)はずなので、 ~するはずなのに、 ~(な)はずなのに	1읽4C, 1읽18
-(으)ㄹ걸 그랬다	~すればよかった	2읽1C
-(으)ㄹ까 봐(서)	~するかと思って、 ~(な)んじゃないかと思って	1듣13C, 2읽16
-(으)ㄹ까 하다/싶다	~するかと思う、 ~(である)かと思う	1듣10
-(으)라고 하다	~しろという	1듣7C, 1읽3
-(으)면 되다	~すればいい	1듣1, 1듣4C, 1듣9C, 1읽6, 2읽7
-아/어 가다	~していく	1듣18, 2읽21, 2읽23
-아/어 내다	~しきる、~し終える、~し抜く	1읽23
-아/어 놓다/두다	~しておく	1듣11, 1듣11C, 1듣16, 1듣24, 1읽12, 1읽20, 2듣8, 2듣10, 2듣22
-아/어 버리다	~してしまう	2읽1C
-아/어 보이다	~く見える	2읽18C
-아/어 오다	~してくる	2듣18
-아/어 있다	~している	1듣9, 1듣9C, 1듣12, 1듣15C, 1듣22, 2듣15C, 2듣22, 2듣22C, 2읽15C
-아/어서 그런지	~するのでそうなのか、 ~(な)のでそうなのか	1읽18
-아/어지다	~くなる、~になる	1듣3, 1듣11, 1듣16, 1듣20, 1듣23C, 1듣24, 1듣24C, 1읽4, 1읽4C, 1읽5, 1읽10, 1읽11, 1읽11C, 1읽15, 1읽15C, 1읽16, 2듣3, 2듣9, 2듣9C, 2듣14, 2듣16, 2듣17C, 2듣18, 2듣19C, 2듣23C, 2듣24, 2읽2, 2읽4, 2읽4C, 2읽14C, 2읽15, 2읽18, 2읽20, 2읽23
-았/었던 것 같다	~していたみたいだ、 ~だったみたいだ	2듣22

ソウル大学の韓国語 はじめてのTOPIK II
2016 年 11 月 1 日 初版発行

編著者　ソウル大学韓国語文学研究所
翻訳監修　南潤珍
編　集　鷲澤仁志
編集協力　辻仁志
デザイン・DTP　コウ・タダシ (mojigumi)
CDプレス　イービストレード株式会社
印刷・製本　シナノ書籍印刷株式会社

発行人　裵 正 烈
発　行　株式会社 HANA
　　　　〒102-0071 東京都千代田区富士見1-11-23
　　　　TEL：03-6909-9380　FAX：03-6909-9388
　　　　E-mail：info@hanapress.com
発　売　株式会社インプレス
　　　　〒101-0051 東京都千代田区神田神保町一丁目 105 番地
　　　　TEL：03-6837-4635（出版営業統括部）
　　　　ISBN978-4-295-40001-1 C0087　Printed in Japan

●本の内容に関するお問い合わせ先
　HANA 書籍編集部
　TEL：03-6909-9380　FAX：03-6909-9388

●乱丁本・落丁本の取り替えに関するお問い合わせ先
　インプレス カスタマーセンター
　TEL：03-6837-5016　FAX 03-6837-5023

●書店・販売点のご注文受け付け
　インプレス 受注センター
　TEL：048-449-8040　FAX 048-449-8041

模擬試験1　「聞き取り・読解」解答用紙　　受験日　　／　　／

- 模擬試験の解答用紙として、切り取って、あるいは本に付けたままお使いください。
- 模擬試験1の正解はP.135に掲載されています（模擬試験2の正解はP.249）。
- 配点は各2点です。
- 「メモ欄」は、答え合わせで気付いたことや、次回の受験までの課題などをメモするのにご活用ください。

聞き取り

問題	解答	得点
1		
2		
3		
4		
5		
6		
7		
8		
9		
10		
11		
12		
13		
14		
15		

問題	解答	得点
16		
17		
18		
19		
20		
21		
22		
23		
24		
25		

小計（　　）点

読解

問題	解答	得点
1		
2		
3		
4		
5		
6		
7		
8		
9		
10		
11		
12		
13		
14		
15		

問題	解答	得点
16		
17		
18		
19		
20		
21		
22		
23		
24		
25		

小計（　　）点

聞き取り　☐　点　＋　読解　☐　点　＝　☐　点／100点

メモ

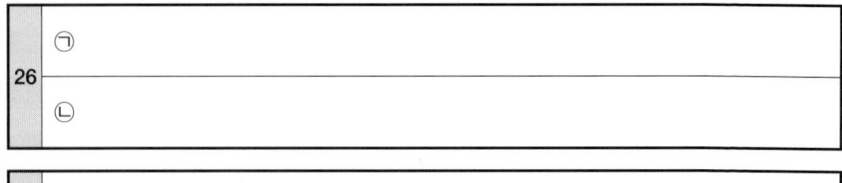

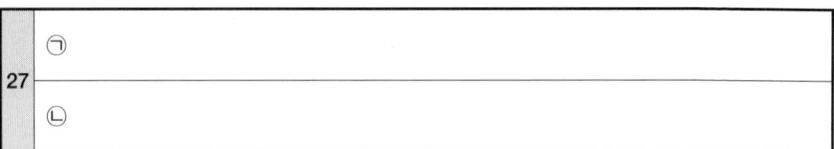

模擬試験 1 　「書き取り」解答用紙 1 　　　受験日　　／　　／

※問題28と29のマス目が小さくて書き込みづらい場合は、140%（A5→A4）拡大コピーしてお使いください。実際の試験とほぼ同じ大きさの解答用紙になります。

26
㉠
㉡

27
㉠
㉡

28 아래 빈칸에 200자에서 300자 이내로 작문하십시오(띄어쓰기 포함).

模擬試験1 「書き取り」解答用紙2

受験日　　/　　/

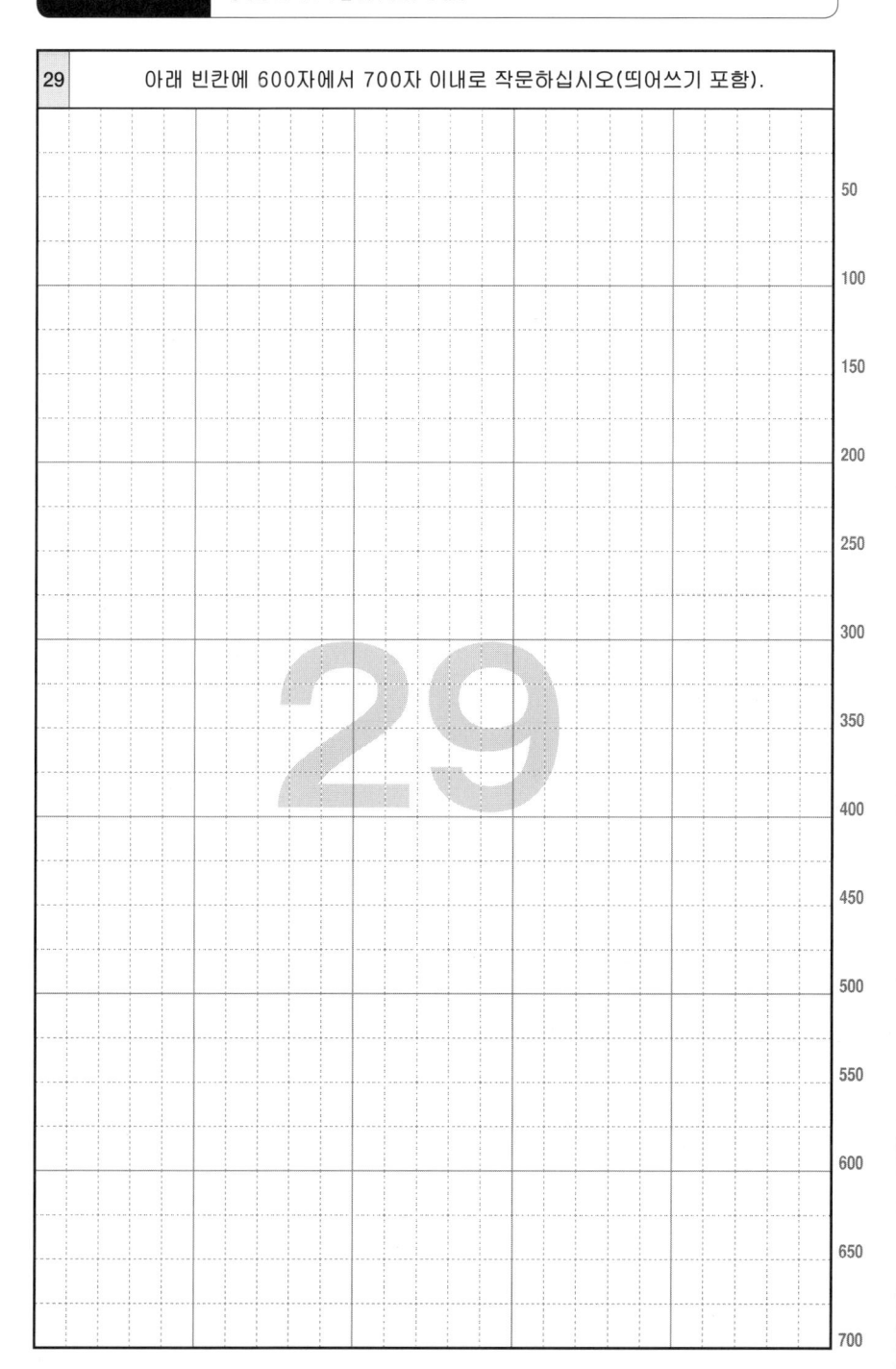

29 아래 빈칸에 600자에서 700자 이내로 작문하십시오(띄어쓰기 포함).

模擬試験2　「聞き取り・読解」解答用紙　受験日　　/　　/

- 模擬試験の解答用紙として、切り取って、あるいは本に付けたままお使いください。
- 模擬試験2の正解はP.249に掲載されています（模擬試験1の正解はP.135）。
- 配点は各2点です。
- 「メモ欄」は、答え合わせで気付いたことや、次回の受験までの課題などをメモするのにご活用ください。

聞き取り

問題	解答	得点
1		
2		
3		
4		
5		
6		
7		
8		
9		
10		
11		
12		
13		
14		
15		

問題	解答	得点
16		
17		
18		
19		
20		
21		
22		
23		
24		
25		

小計（　　　）点

読解

問題	解答	得点
1		
2		
3		
4		
5		
6		
7		
8		
9		
10		
11		
12		
13		
14		
15		

問題	解答	得点
16		
17		
18		
19		
20		
21		
22		
23		
24		
25		

小計（　　　）点

聞き取り　[　　]　点　＋　読解　[　　]　点　＝　[　　]　点／100点

メモ

模擬試験 2 　「書き取り」解答用紙 1　　　受験日　　／　　／

※問題28と29のマス目が小さくて書き込みづらい場合は、140%（A5→A4）拡大コピーしてお使いください。実際の試験とほぼ同じ大きさの解答用紙になります。

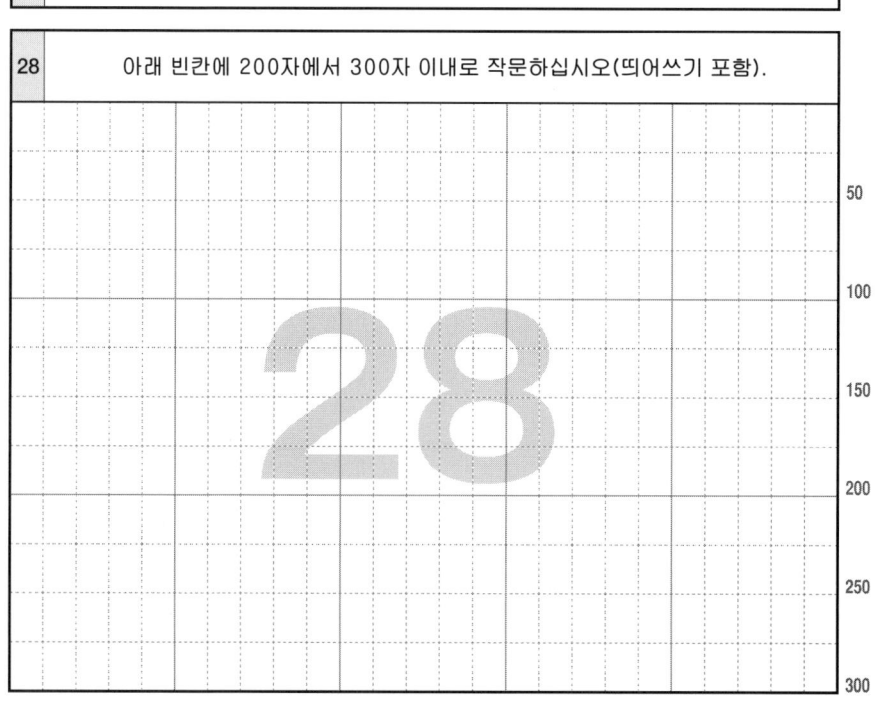

26
- ㉠
- ㉡

27
- ㉠
- ㉡

28　아래 빈칸에 200자에서 300자 이내로 작문하십시오(띄어쓰기 포함).

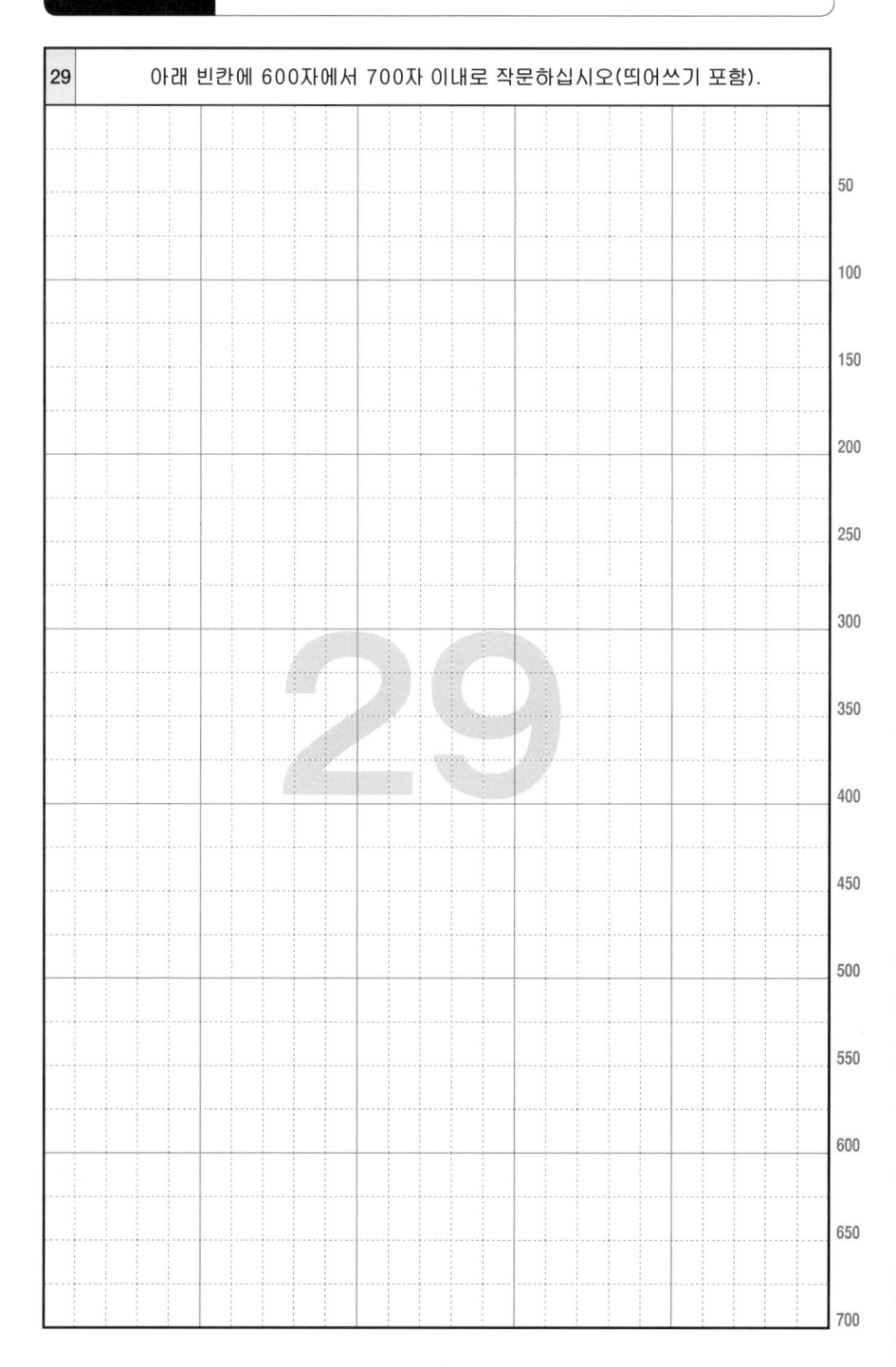

模擬試験2 「書き取り」解答用紙2　　受験日　／　／

29　아래 빈칸에 600자에서 700자 이내로 작문하십시오(띄어쓰기 포함).